Die Nuwe Era Groot Verseboek

2024

Malherbe Uitgewers Publikasie

Outeur Saamgestel deur Marsofine Krynauw
Voorbladontwerp: Malherbe Uitgewers

Geset in Franklin Gothic Book 12pt

Alle regte voorbehou
Kopiereg ©Malherbe Uitgewers (Pty) Ltd
ISBN 978-1-991455-13-0
Eerste Uitgawe 2024

Hierdie boek mag nie sonder skriftelike verlof van die uitgewer of skrywer gereproduseer
of in enige vorm of langs enige elektroniese of meganiese weg weergegee word nie,
hetsy deur fotokopiëring, plaat- of bandopname, mikrofilm of enige ander stelsel van inligtingsbewaring.

Voorwoord

Die Nuwe Era Groot Verseboek 2024 is 'n bundel wat lewe skep en woorde laat asemhaal. Elke gedig in hierdie bundel het 'n lewe van sy eie. Digters het die vermoë om woorde van alledaagse kwellings en verskrikkings so te skryf dat dit die leser meesleur en met nuwe oë na die lewe laat kyk.

Gedigte word ook op verskillende maniere ervaar: die digter wat dit skryf en oordra, en die leser wat dit lees en ontvang en sy eie verstaan van die gedig vorm. Poësie word geskep met die eenvoud en selfgenoegsaamheid van 'n klippie of 'n druppel water – 'n voorwerp vervolmaak deur die natuur. Tog draai die wêreld om emosies, en dikwels is dit die emosies wat tot die skryf van gedigte lei.

Mag elke leser wat hierdie woorde ontvang, verryk word met 'n nuwe lewensuitkyk en begrip vir die emosie in poësie.

'n Spesiale dank aan Marsofine Krynauw vir die saamstel van hierdie spesiale bundel, Die Nuwe Era Groot Verseboek 2024.

Heleen Malherbe

Digters en Gedigte

Bruno Andries 1
    Doep is nie dood nie 1
    Lied van die lui likkewaan 2
    Karooroos... 2
    Die tuin van Eden 3
    Die oom en die juffrou 4
    SMS uit Noetzie 5
    Grietjie van Garies 5
    Tiekiedraai 6
    'n Gedig.. 7
    Ek skryf.. 8
    Dood klop aan my deur 9
    Skouer van 'n ouer 9
    Slot van 'n droom... 10
    My Laaste Wens.. 10
    Rimpel van tyd 11
    Visioen 12
    My woorde... 12
    Adam en Eva 14
    Angs 15
    Bokmakierie 16
    Boom van hoop... 17
    Diagnose 18
    George-Berg 19
    Joseph van Arimathea 20
    Stormseisoen 22

  Vroeg-oggend droom 23

Margaret Bennett 25
  Koffie traan 25
  My priester 26
  Hy is 26
  Lewe 27
  Jou boek 28
  Duindans 29
  Klinknael klaterbakkie 30
  Trek 30
  Klipporttret 31

Emsa Botha 33
  Ellende 33
  Tussen vlamme 34
  Winter wit 34
  Heg my kruik 35
  Jou naam uitgekerf 35
  Bevry uit doringdraad 36

Irene Bowles 37
  Nooit alleen 37
  Die laaste kaggelvuur 38
  Ek weet dit is God 39
  Stryd se laaste sege 40
  Wie is jy? 40
  Net ek en jy 41
  Nuwe horisonne 42
  Jy, Casanova! 42
  As die winde huil… 43
  Die dieperweet 45

Sunell Coetzee 47
'n Brief aan Jess 47
Roosgoud 48
Kaleidoskoop 48
My Pappa 49
My Rugsak 51
Mamma 52
Nostalgiese reënval 52

Leonita Coutts 54
Hartsnare 54
Paradoksaal 55
Skakerings 55
Tale 56
'n Wintersdag 56

Riana Crafford 58
Adam 58
Herfs 59
"Je ne sais quoi" 60
Oesvat van vreugde 61
Oratorio van my hart 62
Träumerei 63
Verfyn tot volmaak 64
Via Dolorosa van genade 66

Christo du Plessis 68
Wie het die doringkroon gevleg 68
Finale afskeid 68
Beroerte 69
Ek raak bewoë op my oudag want ek verlang na jou… 69
In die stilte van die nag 70

    Skeiding 71

    Reënboog 71

    Bloedgranate... 72

    Wegraakspore 72

    Ek kry koud 73

Carin Erasmus 74

    Olifant-ordonnansie 74

    Dwaalvrou van Hexriviervallei 75

    Neoplasma malignum 76

    Selfekspedisie... 76

    Aljander-aljander... 77

    Stormkind 77

    Moses 78

    Uilhuis 78

    'n Ma vir haar seun 79

    My prinses staan op trou 80

Marlene Erasmus.. 82

    Arbeid en adel 82

    Atlantis 83

    Hoop 83

    In elke seisoen 84

    Klankevrug... 84

    Kobaltblou drome.. 85

    Lig en liefde... 86

    My moedertaal 86

    My veilige hawe 87

    Vir my Skepper 87

    Waar my hart lê 88

    Wat hou môre in? 89

Marietjie Espach... 90

- Diaspora ... 90
- Afskeid (Diaspora reeks) ... 91
- Wolke ... 91
- Draai van die seisoen ... 91
- Nagvrees ... 92
- Huil (Diaspora reeks) ... 92
- Winterkind ... 93
- Naspel (Opgedra aan my ouers) ... 93
- Vuurvliegie ... 94
- Droomplasie ... 94
- Wanneer ek jou weer sien ... 95

Magdalie Grobler ... 96
- Bitter-soet ... 96
- #thedaythemusicdied ... 96
- Tafels in *lunch*-tyd maak jou laat vir die *show* ... 97
- Rooi Duiwel ... 99
- Met komplimente ... 99
- Laaste eerbetoon ... 100
- Glorie aan Hera ... 101
- Dor ... 102
- Die groot K ... 103
- Dis hoe ek voel oor Kersfees ... 103

Coenie Horak ... 105
- Auf wiedersehen ... 105
- Die boom van kennis van kwaad se goed ... 105
- Die hemel se hekke hang skeef ... 106
- Die kiekietas ... 107
- Die Leviatan ... 108
- Geskapenheid ... 108
- Tot die mag van … ... 108

- Tyd heel 109
- Verse vir my vlees 110
- Die winkel van woorde 110

Drienie Kelly 111
- Die Boom 111
- Genadegebed 112
- In die holte van my hart 112
- Pluk vir my die sterre 113
- Tweede deur 114

Sybie Kleynhans 116
- Jy 116
- Sonder jou 116
- Eendag 117
- Jy is 118
- 'n 119
- Dalk 119
- Gedroom 120

Santi Kruger 121
- Stilte 121
- Spieëlbeeld 121
- Pretend palet 122
- Wysheid in seisoene 122
- Drome van gister 122
- Op jou stoep 123
- Onvertelde stories 123

Marsofine Krynauw 124
- My Beminde 124
- Witgatboom 125
- Kom haal my hart 126

Rut-oomblik 127

Glas rooi wyn 128

Liggies in haar siel 129

Haar winterdans 131

Oktober Pantoen 132

Volmaakte uur 132

Cecilia Laing 135

Karoo-genade 135

Introvert 135

Vlerke van was 136

Gebed 136

Heimwee 137

Mossie Mostert 138

Als verander 138

Eendag 138

Ek wou nog 139

Jy 140

Vrede 140

Vyf miljoen karaat 141

Berend Mouton 142

Al die planete 142

In die bruisende skuim 142

Op 'n houtbankie 143

My houthuisie 143

In 'n donker huisie 143

Die gras 144

Donderdag 144

Naggeluide 144

Die geraamte 145

Die Boland 145

Karina Nel 146
- Ou Man van die See 146
- Rouband 147
- Trooskombers 148
- Vasgeknoop 148
- Kleurblind 149
- Vlerke 150
- Blindevlek 150

Magda Nel 152
- Te laat 152
- Vreemde paaie 153
- Middeljare 153
- Herinneringe 154
- Vervaag tot skaduwees 154
- Rigtingwysers 155
- Ontwaak 156
- Afrika 156
- Sterfbed 157
- Alter ego 157

Paula Paxton 159
- My nalatenskap 159
- Die lewe se weë 159
- Volmaakte wonderwerk 160
- My land 161
- Skoongewas 161
- ♫♪ Musiek ♫♪ 162

Trudie Pearson 163
- Leë woorde versplinter 163
- Droogte 163

- My seun vol letters 164
- As woorde smoor 164
- Asem van suur kersies 164
- Moeg se afgrond 165
- Vetkersreuk verlang.. 165

Dale Penderis 166
- Oestyd in die Boland 166
- My erf'nisgebed 167
- Die boom... 167
- Kies jou koers 168
- Skryf jou Storie.. 169
- Tik Tok se Tyd 169

Marius Pretorius 171
- Delirium – weg van die verslaafde 171
- My bruinoog kind 172
- Die grens van môre 172
- Monsters teen die berg... 173
- Namibsroos.. 173
- Getuienis van 'n toeskouer 174
- Suidland.. 174
- Gedagtes van winter 175
- Die kleed van my Vader 176
- Die val van Jerigo.. 176

Susanne Pretorius 178
- Poskaart vir die lewe 178
- Kuswaarts 179
- Herfsrefrein 179
- Purper reën... 180
- Die uil by Bloukrans 180
- 'n Mossie... 181

  Stasie 181

  Clarens 182

  Ad Infinitum 184

Esme Reichel 185

  Foto's van Gister 185

  Liefdes-geskenk 185

  Onvermydelike simfonie 186

  Tik-Tok 186

  Waar is U? 187

Johan Riekert 188

  Ballade van die Sterlitzia 188

  Proefplaas: Eden 189

  Oudiënsie met Farao 190

  Maria 190

  Die Skepper se opdrag aan die ongeborene 191

  Dorsland Kremetart 191

  Woestyntrek 191

  Kruger standbeeld op Kerkplein 192

  Nasionale party na 40 jaar 192

  Die gewigopteller 192

Marelize Steffen 194

  Liewe musiekman 194

  Afwesigheid 194

  Ek leen vir jou my skoene 195

  Die dans van die lewe 196

  As jou woorde te min raak 197

  Gif van ontrouheid 198

  Suid-Afrika skildery 198

  Parys van drome 199

  Kom sit vanaand by my 199

Die verganklikheid van ons 200

Andre Strijdom 201

Vlerke 201

'n Plekkie op aarde 202

Die hart is oorbodig 203

Woordeloos 203

Wentel 204

Verwondering 204

Liefdeswens 205

Voorwoord 205

Patrone van herhaal 206

Sou jy weer terugkom 206

Annelize Swanepoel 208

15 Junie 208

Asemblom wense 209

Bewaar-engel 209

Herfs 209

Karoo huisie 210

My dae in Roos Villa 211

Silwerjare 211

Twee as een saamgevoeg 212

Windklokkies 213

Winter in Beaufort-Wes 213

Lorette Szikra 215

En toe moes ek weer skryf 215

Winterfront 215

Voor jy ontwaak 216

Drie skepe het jou meegevoer 217

As ek kon 217

Op vlerke van verbeelding 218

- Helaas … die reënboogwaas! 219
- Lente, somer, herfs en koebaai 219
- Kwesbaar 220
- Liefste vriendin 220

Rika Tome 222
- Jy word … 222
- Sielsuster 222
- Mei 223
- Boek verpand 224
- Kruispad 224
- Ewewig 224
- Heler 225
- Alleen 226
- Grasie 226
- Refrein 226

Anita van der Walt 228
- Toe kinders net kinders was 228
- Kop of stert 228
- 'n Asem lank 229
- Dood 229
- Gebreekte glas 230
- 'n Kragtige wapen 230
- Afdraai paaie 230
- Soek 231
- My huis 231
- Verlede 232

Tertius van Heerden 233
- Liefdeslied 233
- Raping van my sielsgenoot 234
- Verdwaalde hart 234

- Vergifnis 235
- Verlange na jou 235

Johan van Staden 236
- Buite egtelik 236
- Herfs 237
- Het jy ook 'n arend in jou hart 237
- Hy is die Geneser 238
- Kan ek deur jou oë kyk 238
- Sy dra hul in haar hart 239
- Vlindersag 239

Elmarie van Wyngaardt 240
- As mooi te diep word 240
- Hart se Skipskop 240
- Herfs in Hoofletters 241
- Karoo bioskoop 241
- Liefde… 242
- Maanlopertjie 242
- Sonsak ode vir die see 243
- Blou stroopblikkies 243
- 'n Middernagtrein se hooglied 244
- Blomme roomyshorinkies 245

Arnold van Zyl 246
- Tyd in stille gang 246
- Mistieke proklamasie 247
- Volstrek g'n dros 247
- Verbande woorde 248
- Hul smeek nie 248
- My en jou opinie 249
- Versinkte spore 249
- My lushof 250

Skurwe skadu's 250

Jaco Venter 251

Aan die skeppers van my menswees en die sieners van my wensgees............ 251
Bakterieë broeibak teenoor blinkmaakseep 251
Chaos Opera liefde.. 252
Ek is ses keer man 252
Gesin alheilig 252
Heilig Kerk Mense werk 253
Jou heil'ge hand in myne 253
Kranse, klowe en kronkelpaaie 254
Liefde ek en jy... 255
Mamma van ons Kalfie-kind 255
Mikro Bio oplossing 255
My Alfa, my Omega 256
My skeppertjie is klein.. 256
Nag.. 256
Pappa se verjaarsdagwens.. 257
Paps se lief.. 257
Skuur jou nooit my mooi Diamant.. 258
Sneeu Smelt.. 258
Stellie se sonsak sterre 258
Stom geslaan 259
Yin en Yang verlang 259
Verlief, Verward 259
Wonderwerk sonder kerk 260
Wyse Weissbier Woorde 260

Jessica Venter 261

Goudgeel genade 261
Skep vir my 'n tuiste 261
Chaos oomblikke 262

- Vadertyd 263
- Koninkryk kroon 263
- Liefde se stuurveer 264
- Natuursimfonie 265
- Moederhart 265

Peet Vermaak 267
- Die stem van ons erfenis 267
- Woordriel 268
- Voetspore van hoop 269
- Vuur 270
- Kontinuum 271

Werner Wehmeyer 273
- Tydlose verse 273
- In jou arms 273
- Rus 274
- Net 'n digter 274
- Storietyd 275
- Winterwoud 275
- Jou laaste asem 276
- Heel 277
- Oud 277
- My geel duvet 277

Etna Wepener 279
- Aandhemel 279
- Binnekind 280
- Bysiende 280
- Dagbreek 281
- Droom-verlore 281
- Lees tussen my lyne 282
- Nazca-lyne van 'n vergange vriendskap 282

Nuwe perspektief 283

Oogappel 284

Wipplanklewe 285

Nawoord...286

Bruno Andries

Gebore in Duffel (België) in 1960 en woon en werk sedert 1980 in Suid-Afrika. Hy het 'n agtergrond in klassieke tale (Latyn en Grieks). Hy is 'n Geakkrediteerde Professionele Vertaler en 'n beëdigde vertaler vir Frans, Nederlands, Duits en Afrikaans. Dertien kinderverhale uit sy pen is op RSG voorgelees deur Christelle van Tonder en hy het 'n reeks van 13 insetsels oor die Europese wortels van Afrikaanse treffers nagevors vir RSG, wat deur Amanda Olivier uitgesaai is. Verskeie van sy oorspronklike gedigte en vertaalde gedigte is gepubliseer in Afrikaans, Engels en Nederlands. Bruno se vertaling van Antoine de Saint-Exupery se Le Petit Prince (Die Klein Prinsie) van Frans na Afrikaans is in 2022 uitgegee. Sy eerste novelle "Paddaboudjies en Kalasjnikofs" is onlangs gepubliseer.

Doep is nie dood nie

Daar word glo gesê
Koos Doep is nie dood nie
ek kan dit bevestig, dis waar
ek het hom gehoor
dit was in die Neelsie
jy kan my maar glo
ek was daar.

Hy rook en hy drink
teen die vuur in sy kop
sy tikmasjien spoeg woorde uit
hy lag en hy huil
en hy kruip in sy dop
hy loer deur 'n nat splinterruit.

Daar gaan 'n gerug
dis geen skadu of skim nie
sy stem is sterk
sy hart klop nog fel
hy filosofeer, hy praat en hy sing
soos Langenhoven, Totius en Brel.
Akkordeonklanke kwyn langsaam weg
die man met die sekel het hom kom haal

maar Doep is nie dood nie, sy deuntjie draal.
Lied van die lui likkewaan

Soms hou ons piekniek by Krisjan-se-Nek
of volg die Sewe Passe na 'n vreemde plek
Soms vind ons 'n pot vol edel goud
soms is daar niks in Millwood se woud.

Sy is die loper wat deure ontsluit
die bron waaruit woord en klank ontspruit
Die verteller van 'n epiese verhaal
wat almal bekoor met engeletaal.

Die muse is 'n vlinder wat jou om haar pinkie draai
wat harte deurpriem met haar assegaai
Die muse is 'n wispelturige minnares wat bly
vir 'n aand, 'n maand of tot die dood ons skei.

Sy besluip of bekruip jou helder oordag
sy lei en verlei jou in die middel van die nag
Hierdie woorde en melodie is opgedra aan haar
wat ek koester as ek haar in my arms gewaar.

As iemand my vra wat ek doen vir 'n bestaan
sê ek maar net ek is 'n lui likkewaan
wat op 'n klip in die son 'n krismiswurm bespeel
en wag tot die son die littekens heel.

Karooroos

'n Karooroos rondomtalie
klappertandend in die nag
kriek-kriek in die suidewind
soek en jy sal reënt vind.

Bankrotwurms woeker
meedoënloos onder die skape
die wrede Moordenaarskaroo
is mooi en ongenaakbaar.
'n Karooroos dans die masurka

vastrap en kotteljons
klikklanke en klapklanke
benegeswaai en ritteltits
Die môrestond het stof in die mond
die haan blaas sy eie beuel
'n trapsuutjies skuil
onder die karige lommer van die Karoo.

Die aandwind sug lomerig
op die plaasopstal se stoep
'n boer dors na koelte en reën
en 'n koppie boeretroos.

Die tuin van Eden

Die stinkhout laat die timmerman
wraaksugtig hoes en proes
die ysterhout staan sterk
hy skrik nie vir 'n saag nie
maar die nabyheid van 'n houtkapper
ontsenu hom tog 'n bietjie.

'n Akker staar na die dak van die bos
vol vrees om groot te word
eendag as ek oud en grys is
kry ek nes oupa op my bas

dan kom 'n man met 'n saag
en word ek 'n stoel of 'n kas.

Die prys van grootword
is soms hoog
dalk word jy
'n geelhouttafel
jonkmanskas
of riempiesbank
maar dalk
as jy gelukkig is
'n houtlepel of kierie
of beter nog, 'n boek

en kry jy 'n nuwe lewe
en word 'n moskombers van woorde
soos kringe in 'n bos.

Die oom en die juffrou

Amper vier dekades lank het hy vir haar gewag
in die skaduwee van sy gesienthede.
Toe sy eendag doodsiek op sy drumpel staan
sê die oom "hier kom juffrou nóú eers aan!"

Daar was dasbos en klipkruid in die kruiekis
van Krisjan en Lena Willemse se oudste kind.
Die juffrou het die kruie gedrink en geglo
en weke later saam met die son weer opgestaan.

Dis oondbos vir die rug en bitterbos vir die lewer
daar is kraalbos vir die bloed ... en ander goed.
Eendag sal die oom op die stoep gaan sit en sê
"Maak maar so ... maak maar so."

Die anderdag is die koedoes en die hoenders
met die maan gepla, dis donkermaan vannag.
Die windhonde dartel in die veld en blaf
vir die sterretjies en goud en goete wat rondwaai.

Die Man-berg en die Vrou-berg raas met mekaar,
welkome reëndruppels seën die droë veld
en verlos die bitterbos van die droogte se juk
Oom Johannes jubel "Die reënt is ons almal se geluk".
Die son speel wegkruipertjie met die maan
dis mos Godswerk dié ... nie onse werke nie.
Tikkie Ton-ton en die voëltjies op Theefontein
word oorval deur 'n gewyde stilte.

SMS uit Noetzie

Die berge dans 'n langarm sluierdans
stadig word die Kaap weer Hollands.
In die ooste klim die songod op sy wa
sy tong lek aan die ragfyn misgordyn.
Netnou in spookasem toegevou
lê die Outeniekwa skielik blou.
In die verte kraak takkies in die woud
grootvoet trap soetjies tussen geelhout.
'n Suikerbekkie suip nektar uit bloeisels
van wildedagga, hoog in die takke.
Kasteeltorings pryk oor die strand
die son gooi stofgoud oor die sand.

'n Knysnaloerie laat die reënboog vaal lyk
terwyl die son oor die donker water skyn
en 'n skip aan die horison verdwyn.

Ek stuur 'n SMS uit Noetzie: Seemeeue
Ek stuur 'n SMS uit Noetzie: Middeleeue
Ek stuur 'n SMS uit Noetzie: Sandkastele
Seemeeue ... Middeleeue ... Sandkastele

Grietjie van Garies

Pietsnotjies met hoedjies van geel satyn
kalkoentjies, sambreeltjies en kelkiewyn
Namakwaland se blomme bloei welig en ryk
van heinde en verre wil almal kom kyk

Dis lente in Garies, die blomme staan geil
hier woon Oubaas se moeder, Moekie van Zyl
Daar bly ook 'n tannie, sy's klein maar getrein
sy het baie karakter soos goeie ou wyn

Haar gesiggie is klein, haar stemmetjie fyn
haar glimlag is breed, haar blydskap is groot
Sy sing in die plaashuis se buitekombuis
"kom hang aan my soos die Kaapse heuningby"

Die mense vier fees in die Klein Karoo
tant' Grietjie van Garies het almal bekoor
In die granietkoppies naby Rondomskrik
is haar naam verewig in die Letterklip

Sy dra 'n pienk kappie maar sy staan haar man
sy sing oor die lewe en lekker ou Jan
Sy dans die rieldans en almal dans saam
Grietjie van Garies is die blommetjie se naam.

Tiekiedraai

As die Suidooster tiekiedraai
en die anties se rokkies waai
as die wit perdjies branderry
en die see rooimiere kry
as die son sak in die Weste
lyk Tafelberg op sy beste.

As die blinklywe polkadraai
en al die anties ywe braai
as die Groot Skilder begin toor
en die snoeke weer kop verloor
as die son sak in die Weste
lyk Tafelberg op sy beste.

Al sou die snoek nie langer loop nie
en die laaste kreef verdwyn
al sou die bokkoms eendag opraak
en die son nie langer skyn
al sou die vygies ophou blom
sal ek weer Kaap toe kom
weer huis toe kom.

Baguette en bloukaas

In die Franschhoek Vallei,
naby Le Quartier Français,
krap 'n kaalvoetklonkie rond in 'n asdrom,
op soek na 'n stukkie oorskietpizza

of die oorblyfsels van 'n hoendervlerkie.
Vandag is hy gelukkig
en kry 'n baguette en bloukaas
tussen die alewig verlepte slaaiblare.
Hy voel deel van die hoity-toity,
hy eet immers elke dag à la carte.

Hoopvol slenter hy na die volgende drom
op soek na 'n slukkie Cabernet Sauvignon
om die wrang smaak
van die beskimmelde stokbrood en vrot kaas
weg te spoel
en om die hongerpyne
wat nooit wyk nie
te verdoof.

'n Gedig

'n Gedig is 'n swart-en-wit skets
van iets wat jy
gesien of ervaar het
gedroom of gewaar het

dis 'n sprakelose uitdrukking
van vrees of van hoop
van vreugde of verdriet

'n gedig is 'n skildery sonder kleure
van blomme sonder geure
van skoonheid of van pyn
van water en van wyn.

Bradley Arendse

Gebore in die Swartland 19 November 1983. Grootgeword in Abbotsdale net suid van Malmesbury. Die stofpaaie van Abbotsdale het hom gevorm en met sy kleurvolle verbeelding as kind was hy telkemale met neus in 'n boek. Opstelle skryf was van sy gunstelinge op skool en woordvorming het baie gehelp met liefdes briefies. Hy reken dit is daar waar sy liefde vir dig ontstaan het. Met tyd en moeilike omstandighede het hy geleer om sy emosies ink op papier te sit. Dit was terapeuties en tot vandag skryf hy om ander te motiveer, leiding te gee asook lewe aan sy woorde.

Ek skryf

Toe ek skryf
my woorde voor toe oë beland
het ek my kop gesak
versuip in die palm van my hand
sagkens woorde
wat harte moes streel
was neergelê om met die wêreld te deel
opgebreek in dele van die lewe
daai gedeeltes wat almal wil vergeet
waarmee ons so sukkel om ander te vergewe
so is my woorde ook nou
vergete en koud soos die pyn van gister
wat ons wegsteek
na vore bring op die sterfbed
dan, wel dan is almal wat moet hoor
of dood of net heeltemal te oud
vergewe en vergeet
maar om die seer daarvan te hanteer
dit het ek op die harde manier kom leer is pynlik dus
lê ek my lewe uit op pen en papier
want om te deel
maak dalk net iemand anders se lewe heel.

Dood klop aan my deur

Toe die dood aan my deur kom klop
wou ek weghardloop
ek wou wegkruip
in 'n gat verdrink
dood kon ek nie keer nie
so onverwags
net soos 'n dief in die nag
stil en sag
ek het lesse geleer uit die dood se seer
maar my woorde raak op
my gedagtes blok
want die dood voor my deur
het my visie swart verkleur.

Skouer van 'n ouer

As jy my in die donker moes sien
sal jy kan onthou hoe ek lyk of aanbeweeg
verby my kyk
my seer mis kyk
my woorde vertrap
sou jy vat aan my wang
sal jy die spore van pyn voel
vir jou so min om te verloor maar so baie om te wen
verlore siel
ek
opsoek na 'n skouer
'n skouer van beskerming
'n skouer van krag en ondersteuning
die skouer van 'n ouer
om 'n hand vas te hou
'n traan weg te vee
net 'n ouer om liefde te gee
sou jy vat aan my wang
dan sal jy die pyn voel van angs en ongeluk
maar kyk verby die donker
kyk verby my gesig
probeer dieper kyk binne my

sien wat ek sien
net 'n verlore siel
opsoek
na die skouer van 'n ouer.

Slot van 'n droom

As drome kon praat
sou dit duisende stories vertel
stories van oneindige liefde
van 'n lag wat tot in die ewige verte weerklank
of 'n storie van 'n kind so klein
wat maak dat die hartseer en pyn verdwyn
gesluit lê ons drome nou
stories op papier
in die middel toegevou
sodat nét ons die drome kan onthou
maar ek wens my drome kon praat
dan kan ek luister na 'n stem wat ek baie verlang
of 'n gesig sien wat 'n traan sal bring oor my droë dorre wang
as drome kon praat
sou dit duisende stories vertel
maar vir nou lê my drome in my hart
my geluk lê in my sak en my lag
my lag sit 'n lig op 'n donker droewige pad.

My Laaste Wens

Somtyds
wil ek net hê
die wêreld moet
van my vergeet
maar
dan rol my trane weer
die spore van pyn oor my wange
sit my terug op 'n pad van donkerte
waar my trane in bloed verander
gister se spoke soos gordyne oor my oë hang
donkerte
my laaste wens

graveer my naam in 'n boom
sit stukkies van my gesig tussen die sterre
laat my gedagtes wandel op die rug van die wind
plant my nagedagtenis op groen weivelde
sit my woorde op 'n skoenlapper se vlerke
sodat jy ten minste een iets van my kan onthou
dit...is my laaste wens
want die stem in my kop is stil
waters van soete waarheid spoel oor my lippe
die trane van wanhoop
verander in strome van geloof en hoop
terwyl my drome van more
gevul word met krag
 elke traan verander na 'n glimlag.

Rimpel van tyd

Ek droom van 'n lewe sonder donkerte
maar waar gaan my spoke dan wegkruip
ek droom ook van 'n dag sonder probleme
maar hoe gaan ek dan wyser word
ek hunker na 'n dag sonder foute
maar dan wonder ek weer...
hoe gaan ek dan leer en sterker word
in die middel van my bors steek 'n pyn
refleksies van wie ek is
weerkaats uit stukke van 'n gebroke lewe
en ek besef
as tyd nou moet stilstaan
dan sal die wind van lewe my wêreld in `n vuurhel oordompel
terwyl trane uit my oë rimpel deur tyd
net 'n skadu van 'n man
vasgevang in verlore tyd...

in die middel van my bors steek `n pyn
'n pyn van verlange, seer en waardering
maar niemand sien dit nie of nee...
niemand wil dit sien nie en ek
ek bly vasgevang in 'n rimpel van tyd.

Visioen

Ek het jou naam gesien
in 'n skaduwee
ek wou jou vashou
maar jou refleksie was 'n oasis
my hart was die woestyn
jy was weg voor ek jou hand kon soen
die reuk van jou lag was in elke voetspoor
maar ek kon jou gesig onthou
daai gesig
met perfekte lyne
sagte mooi gevormde lippe
oë wat die oggend dou laat skitter
maar jy was weg
my woestyn weer droog
jou voetspore was verlore
in die wind soos my trane in die reën.

My woorde

My woorde het weggeraak in die storms van die lewe
my hart was seer
want woorde is al wat ek het om die pyn te weerstaan
verstaan en die lewe te verdra
gevoelens op papier
'n foto van jou teen elke muur
want as inspirasie 'n gesig moes hê
sou dit joune wees
want jou glimlag sit ink in my pen
die glinster in jou oë vorm die verse
jou liefdevolle hart voorsien die ritme
jy het met jou vinger gevul met liefde aan my hart geraak
gewys dat woorde steeds binne my leef
jou lewe is my rede
jou gesig is my toevlug
jou boesem my vertroosting
jou liefde is die fondasie waarop ons bou
toe die wind gaan lê
die spore van ons liefde openbaar

het my trane in reënboë verander
want dis toe dat ek besef
dit is jy wat my die hele tyd dra
maar
as tyd nou moet stilstaan en die wêreld vergaan
wil ek vir jou net een iets sê
my vrou, ek is baie lief vir jou.

Heléne Badenhorst

Woon sedert 1985 in Mosselbaai. Met 'n lieflike see- en berguitsig, vind sy haar omgewing 'n inspirasie vir die siel. Sy dink gedigte (poësie) was vir haar waarskynlik die lekkerste van skool. Daar is gedigte van hoërskooldae wat elk 'n holte in haar hart gevind het. Soos Elizabeth Eybers se 'Maria', Ingrid Jonker se 'Seemeeu' en DJ Opperman se 'Vincent van Gogh'…

Daar was daardie tyd 'n Afrikaanse onderwyseres wat in haar skryftalent geglo het en tans in hierdie seisoen 'n skoonsuster wie se *cheerleading* haar telkens weer laat waag. Dit is eers onlangs dat haar gees baie meer verbaal geword het. Dit is dán wanneer sy graag skryf, meestal vanuit haar dankbare herstelde verhouding met die Here.

Adam en Eva

Hoe sigbaar in elke man se sy, is die leemte-letsel
van sy Eva wond?

Is jou Sulammitiese bruidsliefde
soos die aroma van die balsemtuine, vir jou bruidegom?

Die Outeur van liefdesverbond komponeer die melodie:
so dans ons, ons Mahanaim huweliksdans
met
of sonder
harmonie

die tempo en ritme vir elke twee
uniek

met verwagting bly kyk ons Dirigent…
of ons iets van
die simboliek
van Sy hartsmusiek
in simfonie uitvoer
in 'n huwelik…
Daardie element wat ander harte met ewige romanse roer?
Hy vereis doodeenvoudig

dat ons lief sal hê
soos God.
Hoe leeg
stroop selfsug ons
van liefde en geduld

hoe onvervuld
God se meriete hoop aangaande ons toewyding aan die Groot Gebod

onvolmaak en menslik swak is ek en jy
maar Hy
wat alles nuut skep
bind my hart met verbond
aan my aardse bruidegom

Sy Gees kweek in my die Bloedherskepte ruimte
vir PASSIE
om Hom
wat my eerste volkome liefgehad het
tot die dood toe
met hart en siel en verstand
lief te kry.

Angs

Daar
in die naat van die donker kamer van my gees
nestel nog die laaste rafel van
die Oer-angs letsel.

Vlietend versteur deur die windvlaag in die Hugenote-tonnel
Ingenieursvernuf
ten spyt

en die memorie...

TOG
wanneer die jubel besef opvlam

van 'n ewige Liefde
wat vrees oopvlek en angs met finaliteit toedek

vou Hy my knus
in Sy
Goddelike vreugde -
omhelsing
my essens volgens Sy bloudruk herstel:
genesing
wat ook in ewige toekoms
sal bly tel.

Bokmakierie

Die slaapkamer gevul met siekwees-spanning en onderliggende paniek

uit die bloute verras
'n Bokmakierie ons
kom maak vrypostig sy eiesoortige musiek

met trillende keeltjie
flits hy astrant sy swart en amper-neon groen-geellyf
op die vensterbank

borrel uitbundig
herhaaldelik
een van die refreine van sy repertoire
'n multi-diverse lied

verskuif ons troebel fokus
soos 'n reënboog wat na 'n storm
vir die wat ewig kind bly
die nostalgie van verwondering bied.

Dan vlieg hy en land vlugtig op pasiënt se knie…

maar
hy en sy lied verdwyn weer skielik soos 'n engel-skim
terug tot in die niet.

Boom van hoop...

Uitvloeisel van 'n generasie akademiese medici
wat God se Seun Jesus nie nodig het nie.

Boom van kennis van goed en kwaad?

So worstel die gediagnoseerdes deur
briljante foltering van genadige verwoesting

in die hoop om kanker dood te kry

jy plaas helaas
jou vingerpunt bloudruk op die tak-eindpunt
van Onkologie
se *Tree of Hope*

soos al die ander duisende

wat ly

kom *celebrate* saam met die paar wat hulle lewe minder mank
terugkry.

Boom van die Lewe is
Christus:
'Vervloek is elkeen wat aan 'n hout hang'

dan sal ek tog die Messias se offerhande losprys
wat hierdie vloek ook kan verydel
in hart en gedagte koester

selfs al is ek
clueless
oor die Skepper Heer
se Groter Plan.

Diagnose

Ten spyte van die lewensontwrigtende
K-diagnose
bly jy my dapper held wat weer opstaan en
bakhand vir genade
aanhou
Glo

in die wagkamers van *chemo* en radiologie
verwerkte paniek in diep donker oë
drapeer geknakte riete
in elke kleur en geur

gelykmaker wat gebrek aan status of rykdom
bevoorregtheid of armoede
oor een kam skeer

jou toekoms skielik totaal buite jou beheer

ek lees
die gemerktes se
onopgetekende krete van verlies aan hoop en '*dignity*'

onbewus van die kapasiteit om so te kommunikeer
kreun-skeur 'n
stom gebed klankloos
luidkeels
herhaaldelik
uit my gees se keel

die vloek van die K wat ongenooid
vretend groei en verwoes
sal nie ontken of geïgnoreer wees

die enigste menslike oplossing lê skynbaar in die eksperimenterende onkologie

tog sal ek/ons
glo
dat Hy

en 'n BELONER is
van die wat Hom soek

ek gryp
vervaard
en druk teen my hart die eeue oue
ewiglik vertroude
Beloftes Handboek

Sy gepubliseerde stem
wat my gees met
'n stroom van rus besoek.

George-Berg

Telkens her-skilder die seisoene
die Outeniquaberge

sinister KIL swart, op 'n sonlose, grou, bewolkte, winterdag

GUL
die son verligte klowe in Hoog-Somer oggend, na afloop van 'n soelwarm nag

vandag se reënnat Herfsberg weerkaats
blink traanstrepe
wat geruisloos
kronkel oor donker kranse
opsoek na 'n ruigte-versteekte bergpoel plek

ons seisoen het iets van alles:

Winter-KIL die diagnose realiteit

soms, momenteel
'n verskuilde traan-nat oog
wanneer die Herfs-mis oor die baai rol
onder begeleiding van triestige mishoring-musiek
wat onuitspreekbare bekommernis
mimiek

GUL
die sielsvertroosting wat die Woord in vroeg oggend manna
soos Lentegeur
ons harte bied

ek slaan my oë op na die God van wolk en berg en krans en kloof
en bewerig sing my hart
'n ou vergete Psalm 121 lied.

Joseph van Arimathea

Ek skuil self verleë in die skaduwee
toe die haan kraai
in die tuin van
Hoëpriester ampswoning
Petrus nie die enigste een wat Hom
daardie nag verraai
geheime agent!

Ter wille van hierdie Godsbestemde dag?

Verbysterd met Pilatus se onbetwiste goedkeuring in my hand
emosie soos vuur in my keel
staan ek
met hart wat huil
verslae
by die gru toneel.

'Sacred' die *ambience* om die Hoofskedelplek
soos Jakob se 'engele leer'
maar die keer, die visioen met
BLOED verseël.

Dit is die ritme van hamerslae wat spykers deur vel
senuwee spier en gewrig gefolter het
wat pols in en deur my brein.

Die Man op die middelste kruis se kreet na God weerklink nog, weer en weer...
maar die gebed van vergifnis vir barbaarse soldate, terwyl Hy LY
gaan die langste by my bly.

Bevoorreg!?
Is ek die een wat die gegeselde Messias
se hande en voete uit die knelgreep van dolkspykers los moet kry
sodat die Lam van God
afgetel kan word
om in my rotsgraf te kom skuil?

Hoe sou ek kon weet
dat ek 'n tang sou nodig hê
om die helende hande wat die brood gebreek het
knarsend te bevry

(toe ek Sy doringwond-kop
aan my dislojale hart vasdruk
was niemand anders by)

verskeurd my vriendskapshart
Bloedbevlek my rykmanskleed
besmeerd my hande en my baard
wanneer Nikodemus en ek Hom te ruste lê
Hy, Skepper van die aarde, vir wie die geskapenes nie wou hê.

Mirre balsem is Nikodemus se aanbiddings-offer

maar ten spyte van die balsem-was
verkleur die linnestroke ligrooi
met elke toedraai slag

wanneer ek rou-snikkend wegstap is dit die geur van mirre en graf en droë bloed
wat my droomwêreld annekseer
om nooit te kan vergeet

ek verklaar onomwonde:
my hande het met liefde
die Messias aangeraak
my graf, my hart, my rykdom, vir Hom
al was daar 'n tyd toe my voordeur net snags oop was vir Hom om in die geheim in te kom

aan die hele Romeinse Ryk
en elke Fariseër

aan elkeen waar geloof op Waarheid steun, verklaar ek trots -
Hy is my beste vriend
Jesus van Nasaret was waarlik God se Seun.

Stormseisoen

Watersnood
vloede
herskryf oer-rivierkontoere
dreun met magsvertoon
die oseaanmond binne
die Karoo droogte tydelik versuip

eens trots
indrukwekkende swaargewig bome
met stukrag
gekanaliseer
deur diep rivierlope

word met
Spring-gety
soos wafferse opdrifsels
moeiteloos
tot in 'n holte van die kuslyn neergevly

vanaf die intimiderende Spring-hoogwatermerk sal
die onvoorspelbare see
geleidelik
t
 e
  r
   u
    g
     t
      r
       e
        k

Hardehout
boomkarakters

gelouter
antiek
spookagtig

ek raak met ontsag aan 'n volgroeide bleek gebleikte marmerglad
sout-gebalsemde boom-kadawer
fantaseer
oor
bos of plaas of woud...
vanwaar het die vreemdeling
dryfhout
hier kom
strand...
Waarheen, Abba Vader
is U dan
in die seisoen se stormtyd
in U Almag

met HIERDIE
dryfhout
op pad

is ek nog in U Vaderhand?

Ek nestel uitasem
vergenoegd
in my bestemde uitspoelplek:
U onverstaanbare genade plan
in perspektief

perfek.

Vroeg-oggend droom

Dinamiese Lig deurdrenkte cumulus wolk-fatsoene...

'n Psalm 24 Erekoning poort...

engele massas juig Hom toe
kore sing liedere geïnspireer deur die Woord

die geskape werklikheid van die hemelruim
en Hy
momenteel 'n geheel

wat soos 'n sonsopkoms
mettertyd
'n ontluikende skrefie van die Bruidegom se Heerlikheid ontseël
vanuit die wolkemassa metamorfoseer die Koninklike 'Woord van God' se Aangesig
Herinner aan die Hooglied Minnaar
Jeugdig
Manlik
Perfek
Hy is LIG
eindelik tyd vir openbaarmaking aan Sy Bruid

edel adellik bo-wêreldse fokus
in Sy blik

gesinchroniseer met elke nuanse van die Vader se fluister-wens

wanneer Hy
Seun van die Mens
afklim
van die Berg van Verheerliking neerdaal
om
vanuit Oos en Wes en Noord en Suid te wink
om 'n maagdelike kerk
na Hom te kom haal
eindelik weer die Pasga beker te skink
om saam met Sy Bruid
te drink.

Margaret Bennett

Gebore in Namibië. Sy het groot geword in Otjiwarongo en Kalfeld en in Pretoria studeer. Sy bly tans in Windhoek waar sy ook haar M-graad voltooi het. Haar gedigte is meestal gebaseer op ware gebeure van haar eie lewe grootliks as 'n enkel ma reeds vir meer as 25 jaar. Haar eerste gedig is in 2019 gepubliseer. Sy het reeds drie bundels uitgegee en van haar skrywes is opgeneem in 'n verskeidenheid ander bloemlesings. Sy is ook die aanbieder van die immergroen program "WoordeVlegsels" wat wêreldwyd op sewe radio stasies uitgesaai word. Haar hoogte roeping is die van dienskneg wees vir Messias, die Koning van die Heelal.

Koffie traan

Een koffie wat saak maak
twee-sluk-braak smaak in mis
maar alom soetvloei in môre
reuk-ure nader aan gestalte-troos
in die webbelt van jou jeans

tyd het die nare gewoonte om te huiwer
die naakte gewoonte van wuif
en in beide uurgetye
vlerk geduld- en wagsome
om jou beeld weer te skilder
- vars -
met nuwe verf
in skoon-oggend-kwaste

hoeveel swaeltjies nog gaan kom
- dit weet ons nie -
die strek van die boodskappertjies is onbekend
maar pelgrims sal pelgrim in vandag
en uitstrek in môregenade

een koffie wat saak maak
as die traan druppel in ek-mis-jou drup
op vlerke van omgee:

môre praat die blomme weer
want saam is ons wortels, gekers.

My priester

Dit was net betyds
- God se betyds -
dat jou wit kneukels loswoel
en prentjiemooi na Abba staar
want sien jare se gebruik, misbruik, verneuk, gesteel
dae se opoffering en gee tot jou hart se hande
dun geskil was, is verby

jou knieë kan weer anders, as seer, buig
hul dankbaarheidskniel is nou aan die orde van die dag
die balkies van omgee wat lapel op jou wit hemp
merke van hoop en troos wat kroon bring aan 'n gesalfde kraag

jou trane vorm nou deel van amandelolie
gemarineer en gegeur in goddelike goue bakke van deurbraak
voor dié Hemelse Troon

in die middel van dit alles het jou kneukels om myne gesluit
'n mooi pad van saamwees
- saamloop -
in hemelse genade

op hierdie seëndag
roep my hart uit in dankbaarheid:
"lieflik is die voete van hy wat die goeie tyding bring"
lieflik is my spore saam joune, my man en my priester.
Genade en wysheid so onbeskryflik groot
ís jou deel in die naam van Yeshua.

Hy is

As my siel opstaan in die nag
en woorde soos wyntrosse voor my hang
vergader ek skagte en balies vir ryptrap
aan wyn van keurbottelformaat

so slingervel hoop hopeloos rond
terwyl Goliat deurdrenkend voor jou staan
waarheid is jou klip

Sy sagte stem, jóú gewete
- tussen alles deur, lê die kaas in lappe vergete -

hulproep na Hooglied se edelstene
sybokhaar in my klere gepars
in die beker van my mis, rus ryp granate
gevlegte arms wat weerkaats in lig

dan word die skuim van my brandergemoed
'n roepgebed, 'n hartkreet tot God
mý God wat strepe trek met Sy asem
terwyl my oë dan skriflesing in vredegenot
Hy ís God in alle waarheid...

Lewe

Komkommergeel blom die oggend
'n dag geleen
ure van potensiaal uitgedeel
in geopende hande
die vuur flikker fluks
waar asems dankbaar sug
soveel jare steeds benodig
na soveel maande steeds gespaar

waar my hart en my verlede
my troon was tot hier
besef ek: elke besluit wat toe tóg duur
geloop, gesloop vir my familie en huis
ook die onbekendes : "Vir jou, Suid Afrika"
terwyl die ete onbewus sis op die vuur
en makkers kabel in kus
oor gister, vandag en môre se uur
raak my dankbaarheid broodnodig stil
wanneer ek vergeet van my God
versadig Hy my met liefdesonthou:

Sy goedheid en guns
Sy lowergroen ruswaters
vertroetel my verlede gewete
en ek sal 'n suurstofaar van die Here bly
in lengte van dae...

Jou boek

Half geleesde boeke is stories sonder eindes
dit gee jou 'n beeld van 'n halwe spieël
wat uitloop op onherkenbare eindes

elke dag 'n lewensverhaal
begin, einde en 'n slot wat kan bly ooplê
as jy so kies -
take, gedagtes, verhoudings, hoop
dalk alles half klaar gebakte buiteblaaie
sonder 'n omgee uitgewer

getikte ink vorm die uitkoms
papier wat seerkry
dikwels gestik met gate van voorbereiding
anders bly dit blaaie sonder aanraking

- is jy koud of warm -
lou - word uitgespoeg...

maak klaar wat jy begin het
te veel uitgeneemde boeke stof halfdood
halflees, halfbrood
oor moed, hoop en wil ontbreek
voltooi jou lewenstake, kry afsluiting
hoofstuk twintig blameer nie hoofstuk een
maar bou daarop om 'n verhaal te vorm

terugkyk is nie die antwoord nie
jy en ek is die outeurs
tussen-blaaie-gebeure is deur jou beslis
- of nie -
jy gaan soos jy gekom het net:

met 'n storie geskryf vir ewigheid
in jou DNS
die blaaie van jou aardseverhaal.

Duindans

Spore gebeitel in tye van leen
vier, minus verloor, maak een
gekoopte rose uit potte gestort
midde in storms, met duine gegord

my siel het mankbeen stil gaan staan
klatermoeg in soek getraan
jou arms was links, jou arms was regs
fokus opgestort in hemel se slegs

waar duine in aweregs strompel
was my hart in leiklipsteke gedompel
dieperskoon deur dekades geborg
deur jou weet ek: God sal sorg

ons asem is kritieke kortoomblikblaas
draaiboekskryf in kristal ek-weet-vaas
jy is die skakel as gekose kameraad
my lewensmaat wat my sielsbraille praat

alfabet vleg oos, noord of suid
wes se see, plooi die ware rigting uit
jou luister tooi my versieringskroon
vir ewig ons hartklop voor Sy troon

my lewe is min, tog dans dit in sin
bittereinde-teer, omhels my bemin
voor ek vanaand my oë tydelik sluit
stort ek Ewigwoorde oor jou wese uit

soveel wat ek nog in paragrawe wou sit
sondige-heilige woorde sal ek bid
jy is my aardse anker, my suurstofete
my Gees-sieraad, my Woestyndolfyn.

Klinknael klaterbakkie

Jy het my kom haal met die klinknaelkassie
panele gepleister met macaroni van staal
die witpad was die melkweg
die klippe, nag- en dagsterre
so was die son die maat
van die wegkruipmaan

ver was ons reise oor lang-slierte-paaie
kronkels deur ruggraatlose buig
hobbels wat hoppend lag uitsproei
as die vasgehekelde spieëls saam hul nekke buig

oudtydse vrye teuels die stiebeuels van harte
bysteek wat rooi kringe verwaand pomp
toe mopanies en witgatsteekdoring
bande blaasloos verpap
deur die eerste wintersonwitkryt

voor in die kajuit was draadstoele
   sonder verwarmers
     sonder verkoelers
tog, in die lyf van die uitspanvoertuig
het wasem tevrede geasem
want my hand was in joune geskroef
toegebind vir elke aardse troef

in die hartjie van 'n staalklinknaelaarde
toer ons met hemelse genade...

Trek

Groen wat blou word
stof kerf na swart
mopanievlerke verstik stadig
uit 'n toegewyde, veranderde lewe
die inpak word uitpak
uitpak word regpak

oorpak
wegpak
pak ... die slaafeienaar van die mens
as my hart branderklop
in eenvoudige stofstrepe
wonder ek oor doelwitte
"*bullseyes*"
tref 'n pyl werklik
en maak dit seer as dit insink
wie het dan werklik "*gescore*"?
die oog, die pyl of die gat?

swart wat warm word
lei na plek waar wees, wees word
en voetspore smal word
ja daar waar blou, weer arm word ...

Klipporttret

Toegekluister, dik stofbelaai
verlate en vergete lê uitgestorwe herinneringe

weggebêre...
vir anderdag onthou
koud in spinnerakke toegedraai
verdrink in verlededrome

verswelg deur vlamme van verlange
sal jou môre ooit kom -

asemloos jou gedagtes
vlietende emosiekelder
lêplek vir jou hart...

stilgemaak
  gewag
    weggebêre
      jy verdien nie wat ek gee

soms blywende ruggedraai op jou
jy wil nie - wou nie eers probeer
raadop bly jou stilswye...
kompasnoord wys ander pad en dis verby...

vergete, weggepak
net so terug gebêre in jou stoflaaie
my roep verlore
in warrelwinde weggevoer
dorre woestyne bloei sandkorrels deur klip en stof

vlugtig verward is jou hart
- hard –
tot selfsdood weier om jou te tart...

Emsa Botha

Gebore te Vereeniging. Later vestig sy haar kinderspore in 'n plattelandse dorpie - Steynsrus - Noord Vrystaat. Sy het op skool gedigte geskryf, maar geen waarde daaraan geheg nie. Soos die tyd verloop het, was haar Tannie Lettie Hoffman haar grootste inspirasie. Vandag is haar man, dogter en digtersvriende elke dag vir haar 'n inspirasie. Sy het deur diep waters geswem en het mettertyd meer waarde geheg aan woorde. Sy het dieper begin delf en besef hier lê baie verhale. Daar was 'n verlange in haar om gekweste oomblikke in haar lewe na buite te kry. Haar doel is om haar diepste gevoelens en gewaarwordinge met die leser te deel. Die inhoud van haar gedigte moet die leser deurtrek na hulle eie ervarings en emosies. Mooi woorde maak heel, dit hou jou op jou knieë.

Ellende

Deure wat oopkraak
alles vreeslik donker
diggetrekte gordyne
stikkend onder stof vergader

onder my voete
kraak ou houtvloere
in ellende lê die koue geblus
waar eens 'n kaggelvuur
knetterend kon raas

'wyl die wind se treurlied in die agtergrond huil

trane word stil gestort
weerkaats in 'n vergete spieël
waaruit 'n winkende hand my roep
om gebroke letsels se wel en weë
te ontbloot in 'n onbeminde siel

in 'n skor stem prewel ek na hulp
om die kettings te breek wat my so wetend bind
neem weg die onheil
in die donker gebaar

sodat ek my sielesmart kan
uitstort voor die heelal.

Tussen vlamme

Ek staar deur dowwe ruite
waar winterwind ween teen luike
ongenaakbaar lê die winterkou
terwyl die kaggelvuur my binne hou

ek slaan my oë neerslagtig neer
bakhand om die trane te keer
duister sluip deur my sielesmart
laat lê naak die hange van my hart

ek skilder ons winter samesyn
met lipglans wat my lippe rooi omlyn
my brandende hart is in joune uitgestort
wat het van ons warrelwindliefde geword

smeulende vure, my flenters vurig toegevou
om jou spieëlbeelde in my drome te hou
wanneer ek mistroostig na jou kyk
weet net my winterbestaan gaan anders lyk

tussen vlam en vuur moes ek sterk staan.

Winter wit

Net die vaal doodskleed van winter
wat oor eindelose landskap lê
waar onhoorbare stiltes neerdaal
smag ongerepte velde na somerreën

ek wandel in verlate, dorre lane
gestorwe immergroen lower val na benede
ongenaakbare winter-kou lê ongeneeslik
wuiwende grashalms die son het julle verlaat

bergtoppe word begroet met sneeubedekte lae
winde ween oor winter wit vlaktes

winter-kou klou krampagtig aan die aarde vas
als in die winter het hul stryd verloor

wanneer nagte stil kom rus
dans vlamme in 'n kaggelvuur
winter-wasem-harte afgeëts teen gewasemde ruite
wie sal die skuifelgang van winter verstaan.

Heg my kruik

As my hande moedeloos hang
my leë kruik na benede val
voel ek die bitter berou
waar my oë die skerwe aanskou

terwyl ek op my knieë afsak
bewende hande flenter stukke opraap
giet ek trane oor 'n gebreekte kruik
ek weet die laswerk moet begin

my dapper oë verstil oor 'n volslae verlies
vasgelymde stukkies waarop ek kan verf
kleurvolle sketse kwas ek tussen krake en lyne
my diensbare hande skets 'n meesterstuk

my hande so sorgsaam deur God geskep
om gekraakte potte heel te maak
al het my hande die kruik laat val
sal ek na hartelus nuwe sketse maak.

Jou naam uitgekerf

Dis donker hier, net die straatlig brand
jou naam uitgekerf teen die stam van 'n boom
dis my hart wat jou nooit wil laat gaan
ek skenk jou weer my hart, dis joune

ek droom hoe ek jou in my arms hou
saam jou skoppelmaai tot hanekraai
tot laatnag in bruisende branders baljaar

ons ligvoet onder die sterre dans
nooit die ritme van die *foxtrot* verloor
vanaand lê ons liefde oopgevlek

ek verdwaal in die diepte van jou oë
daar waar miljoene sterre skitter
sal ek aanhou aan ons drome verf

laggend vleg ons deur kleurvolle drome
my liefde vir jou het nog nooit ontspoor
alleen sal jy die ritme van my hart vashou
weet net elke hartslag
bring bekoring.

Bevry uit doringdraad

Waar ek ween in 'n godverlate plek
soek my oë tussen stegies rond
uit die oorloop van my gebroke siel
voel ek trane teen my wang

ek hoor nie meer jy roep my naam
voel nie meer jou warm hande
wat my grasieus begelei oor die dansvloer
sal ek ooit weer in jou soekende oë staar

laat my dan eerder gaan
jy het ons warrelwindliefde gefaal
ek skeur my flenters los uit doringdraad
hier mag ek nie my ritme verloor

wanneer ek mistroostig na môre kyk
sal ek aanhou dans deur my winters
waar ek geheimsinnig deur die kreukels lag
sal ek aanhou blom waar God my plant.

Irene Bowles

Gebore 30 Augustus 1961 in Namakwaland.
Haar onderwysloopbaan neem aanvang in Namibië en eindig in die Kalahari. As tienjarige het sy onbewustelik haar kaalvoetdrome begin uitleef deur toneeltjies te skryf. Vyftig jaar later realiseer dit as sy weer begin dig. Dis in woorde dat sy voel en ervaar, in haar geliefde taal, Afrikaans. Haar skrywes is in 'n paar gesamentlike bundels opgeneem. Skryf gee vlerke aan haar gedagtes en daardie vlerke is dié van haar Vader.

Nooit alleen...

Blomknoppies troon nooit alleen
hul lag oopbek na die Namakwaland reën

vlindertjies wals nooit alleen
hul kaleidoskoop kleur oor blommeprag heen

branders breek nooit alleen
oseane stukrag die Vader se seën

storms woed nooit alleen
in angs en verwoesting bly God ons steun
as God oral is en nooit alleen

hoeveel te meer sal Hy weet
van 'n moeder se bittere leed?
haar kinders is nooit alleen

en noodroep nooit in die wind
behoeftes nooit ongevraagd
en vrese nooit onverstaan

haar trane is nooit verniet
pyn nooit ongesiens
versugting nooit ongehoor

haar drome is nooit verloor

haar hande gevul en nooit leeg
vreugde is nooit afgestomp
sy dra haar kruis nóóit alleen

want God is die Skepper
ons ewige steun.

Die laaste kaggelvuur

Met die winterwind se gang
kom die eensaam huil
van die wit wolf aan
en sy mare sleep sy treur
oor sneeugrys vlaktes heen
sy weeklaag na die dofwit maan
'n droewe sang
van sy verlang
sonder maat
in die bitter kou

as die winter
oor my huisie ween
my vuurtjie moeg gespook
lek sy vlamme moedverloor
'n bleekgeel gloed
se laaste hoop
in die halflou es
se kaggelvuur

treur my hart verwinter
eensaam leeg
my laaste hoop se vlam geblus
sonder maat in die bitter kou
en my soeke moet berus
in ons laaste saamwees-uur
se warmrooi onthou
van 'n koue wintersaand
se laaste
goue kaggelvuur...

Ek weet dit is God...

As berge buk tot net 'n duin
en valleie rys oor berg se kruin
sou niks vergaan deur roes of mot
dan weet ek dit is God...

as God se son my skadu bied
en ek die bitter kou geniet
sou blare groen en nooit verrot
dan weet ek dit is God...

as seë droog tot net 'n stroom
en vissies woon in dorre boom
sou winter bome weer laat bot
dan weet ek dit is God...

as bye net hul heuning maak
sou wegvlieg en dan elders waak
hul neste oop met geen verbod
dan weet ek dit is God...

as vinke koer, hul nessies weef
met tak en wol so fluks op dreef
die donker lokkend vir die mot
dan weet ek dit is God...

as jakkals liefs sy buit verdeel
en nie sou waag om ooit te steel
sou slang tevree gaan lê langs rot
dan weet ek dit is God...

as rykes al hul skat verdeel
en armes kry dan net soveel
met niemand meer 'n hongerlot
dan weet ek dit is God...

as konings als vir knegte doen
sou afbuig en hul voete soen
paleis verruil vir arm krot

dan weet ek dit is God...

as aarde net sy bande smee
die mensdom in sy hart tevree
erkenning aan die groot gebod
dan weet ek dit is God...

Stryd se laaste sege

As Stryd sy troefkaart lê
dis hendsop Skoppensboer!
meedoënloos kom die jagter
sluipend hande-viervoet
berekenend
deurdag
sy spierkrag ritmies
waaksaam in snarelyf gespan

die oomblik broei in stilte
gereed om klaar te speel
dis Stryd se laaste doodsbyt
sy prooi se laaste skop
rukkend in die groue niet
dis pille se verdriet

hoekom, o hoekom?
moes jý die brandmerk dra?
geslagte lank se vrese wink
en draai hul sirkelgang
nog 'n offer nes 'n dier
het God dit so deurdink...?

Wie is jy?

O, wonderskone dag!
'n blommekrans vir jou gelag
vrolik dans die rittellyf
met vrese vals verbloem
sy oorbeverfde dop
se strewe na oorlewing

sy pyn geboei
en vasgenael
wagtend op oorwinning
tog is jy
harlekyn
wat lag...
in die glinster
van die dag

O, droewe eensaam nag!
'n traan vir jou geween
nes die dag sy koue greep
meegee en verslap
lê bitterheid se naakte
nuut gestroop in wese
as pretensie-skanse breek
en bitter nou sy einde braak
lek sy pyn 'n stortreën
oor diep gesonke wang
nou is jý
die eensaam man
wat lewend hang...
in die swart rou
van die nag...

Net ek en jy

Nou soveel jare al verby
wag ek steeds by jou
net ek en jy
my see

en sy woorde wat ons deel
uitbasuin oor jou gladde lyf
lê nou swangerstil
in jou oorvol buik verdrink
en geboorte nooit geskenk
net beloftes leeg wat t'rugkeer
stom...
na jou en my

my see

met die koue rooidag breek
was sy woorde onomwonde
en ons liefde nuutgevonde
nes die môredou sy vars reuk
sag oor die oggend blaas
was ons harte diep deurdrenk
en ons liefde vars en mals
nou bly net die stilte
en ek en jy
my see

alleen...
met verlange wat ons deel.

Nuwe horisonne

Nuwe horisonne wink van vêr
sierlik in hul praal
met warm-oranje, rooi en geel
die eerste wonder van die dag
as die son so sluipend roer
agter oosterkim se rug
sal dit skugter
langsaam
laggend
vir die aarde loer

nuwe horisonne kniel in dank
diepe ootmoed vir Sy Mag
kus die nuwe lewe soet
wat die aarde bruisend groet
glimlag hul nou wyd
vir Gods' genade
wat jou mateloos
oordek...

Jy, Casanova!

Tevergeefs my tolbosliefde
hunker my gewag
as jy suisend listig aanrol
met die wind se skerp venyn
oor my hart se flenterdroom

jy tolbos met my hart
vat dit willoos saam
ritte-ka-tik
op jou martelbaan se angelpriem
van ruwe klip en distels dig
wat my pynlik leeg laat staan
en ankerloos my weg moet baan
jy, Casanova!

jou roltong soos die winde waai
jou nuwe koers se wysers draai
na nóg 'n blom se bloedrooi smag
jy, Casanova!
jou oorgaaf' vlak gebore
en skyn so diep gestore
verlam jou gif die lokkend blom
haar nektar koud ontneem
en jy rol net vrylik aan
op jou nuwe martelbaan

en ek skep trane
moedverloor
uit 'n diepe gat
want iewers
op jou afkopvaart
lê my *puzzle*-hart
se stukkies
wyd versprei...

As die winde huil...

In die warm van my velkaros
lê ek knus gesus en rus

teen die byt van die winternag
se kake deur my murg
teen my kamermuur gekraak
treur 'n foto swart en wit
nes 'n weeskind koud alleen
op die koue muurtjie kaal
my Bybel en lantern
op 'n tafel mankoliek
'n fotoverhaal, Takoeza
op 'n stoeltjie langs my bed
en 'n worstelmatjie voor my bed
waar ek saans my hande vou

die winterwind huil sy nood
deur die geute van die dak
om die huis se hoeke rouklaag
gekerm van 'n droewe wind

as vaak my sus en knus laat rus
sweef ek ver oor hemelbome
fluit die winde sag 'n melodie
en die klarinet blaas sy pret
fyn klokkespel nes kristal
wat rinkel klingeling
klavier dra die orkes
in skone harmonie
klapklappie vlieg al klappend
soetluidend klink die simfonie

in die woud ontwaak 'n meisie
uit 'n stille diepe slaap
dis Klara'tjie wat wals
en swaai lieflik fraai
haar armbande klingeldraai

die orkes word fel
dit klater! kletter! klak!
Klara'tjie klou verbete
aan 'n boom se stam
ek klou aan iets wat my

sus en knus laat rus
my eie velkaros!

dit klater! kletter! klak!
wind en reën op die dak
'n oorlogslied verwoed
en Ma se luide roep
"Klara'tjie staan op!
Namakwaland baar reën
dankie Here vir die seën!"

Die dieperweet

Die Dieperweet se heerskappy
triomf oor aard en hemel
Sy majesteit onverklaar
verhewe tot alwetendheid

God deurgrond die moederskoot
vóór lewe daarin pols
haar vrug se lewensnadraai
en hoekoms vóór die stryd

die Dieperweet voel saam
jou treur se smag na die lig
daar in die blinkoog maan
waar Gods' alsiende oë skuil
nes biljoene sterre waak
troon die Dieperweet sê, mag
beskermend in die nag

die Dieperweet ken my leed
se kreefweg op gevalle baan
op my kronkelweg se gaan
gedagtes deur woestyne
voetpad na bevryding
bereik Gods' koele water
oase vir my siel

'n diep beproefde Jesus
se keuse klip of brood
oorlê Hy daar die bose
met troef uit die Skrif
duisternis se sleutel
wat satansweg ontsluit
sidder voor Sy Almag
Sy dieper weet verstaan
versoeking teen te gaan

vir my, deur Hom
'n dieperkyk
vir Hom alleen
...die dieperweet...

Sunell Coetzee

Gebore in Lutzville. Op 12 het sy haar kamermure pienk geverf en nou as 16-jarige word haar wildste drome daarbinne waar. Wat 'n "kop-bo-die-water-hou" ding was, is nou haar passie en kreatiewe uitlaatklep ook. Sy kom van 'n klein dorpie, Lutzville en haar hart vir mense, brood, blomme, digkuns, musiek, donker sjokolade, wiskunde en haar Skepper is groot. Sy wil haar woordemense se verbeelding pienk verf soos haar kamermure. Sy wil mense die nostalgie van hul tiener- en kindweesjare laat her-/beleef. Sy wil mense iets laat voel. Welkom by die plek waar sy haar hart vir julle uitstort op (elektroniese) papier.

'n Brief aan Jess

my liefling Jess

Jou wit blonde haartjies
jou onskuld en prettige oomblikke
is al wat ek nou onthou

jou gesiggie rooi soos altyd
'n pragtige aanduiding van vreugde
wat blink in jou saffier-blou oë

ek onthou die troue met die bure se hond
die kort liefde se blom met die jonge graad agt seun –
ons was almal verlief op julle verliefdheid

ek sal altyd die opwinding onthou
in die groot saal van Nampo Park in Bredasdorp

#Imagine 2023
ek sal dit nooit kan vergeet nie

liefling Jess

Centurion is ver
ek mis jou elke dag
my hart huil soms van hartseer
my trane soos die druppeltjies
teen die motor se vensters na die reën.

Roosgoud

Jou oë is soos koper
met donker sjokolade
en 'n sweempie groen olyf

jou hart is van goud
jou stem soet soos suiwer suiker

jou glimlag gee my hoop
jou lag laat my skater
terwyl ons sit op spookasemwolke
in die hoogste hemele

jy is rooskleurig
soos die sjampanje waarvan ma-hulle drink
op spesiale geleenthede
roosgoud
koper, sjokolade, olyf en goud
in mekaar gevleg

jy is rooskleurig
soos die sjampanje waarvan ma-hulle drink
op spesiale geleenthede

roosgoud
koper, sjokolade, olyf en goud
in mekaar gevleg
wanneer ek na jou kyk.

Kaleidoskoop

Hol klank
die klank van ses snare

wat sy saggies streel

verdubbel na twaalf
dieper klanke
wat sugtend misluk
om hartsnare te roer

want haar deur bly toe

niemand mag hoor
die klanke
van die kitaar en stem
eggo's wat die skaduhoeke van haar kamer tem

ses...
twaalf snare en 'n stem
ontbloot die kaleidoskoop
uit haar diepste wegsteekplek
waar niemand haar kan pla

net sy en haar gedagtes

So...

hierdie is jou kans
gryp jou kitaar en warm jou stembande op
om deur te dring na die kaleidoskoop
waar haar hart hard en duidelik klop.

My Pappa

My pappa laat val bome
met die sny van 'n lem
maar genees harte met tong en hand -
woorde, aksies, diep uit die hart

my pappa red mense van gevaarlike slange
maar hy help die slange ook om veilig te bly
want al het hy Eva verlei

verdien hy geen minder vryheid en respek
as enige ander dier nie
my pappa het kamers vol van plante - sonder deure
elkeen behandel met liefde en sorg
groen, gelukkig en gesorg voor
in pappa se kamers
veilig agter geslote deure van vrede

my pappa stap in 'n blou uniform
erken nederig dat papierwerk al ding is waarin hy goed is
maar hy vergeet van die ontelbare lewens
wat sy jong polisiehart al geraak het

my pappa is die wonderlikste
vader, versorger, hoof van die huis, besluitnemer
langs my ma se sy
Bybel lees vir sy dogters in die aande

die rede waarom ek eerder dinge ordentlik doen
anders kan ek en pappa maar alles opgee waarvoor ons so hard werk

my pappa bly biddend op sy knieë
en my hemelse Pappa werk daar waar pappa nie kan nie

hierdie klink alles seker onmoontlik

maar ek is trots op my pappa

wat bome saag in ons dorpie
slange vreesloos vang en veilig vrylaat
vennoot van die pragtigste verplantkwekery
polisieman wat my van harder werk geleer het
pappa vir sy dogters
die sterk man met sy hand in moeder se hand
man van God

my pappa is my grootste inspirasie
die rede waarom ek eerder harde klippe kou vir sukses

want pappa het my gewys

dat daar niks kom van niks doen.

My Rugsak

Jou reënboog-voorkoms
het my in die luukse sentrum
van die sonstad ingeroep
ek het jou tussen die Elandsrivier en Pilanesberge
noordwes van Johannesburg
gaan haal om op my skouers te dra

die reënboog in jou
is materialisties geweef soos my siel
kleurvol soos my denke
uniek soos geen ander

min mense is braaf genoeg vir 'n voorwerp soos jy
lief vir 'n voorwerp soos jy

jou vele kleure maak dit moeilik
om 'n rede daarvoor te vind

maar jy is uniek en 'n bietjie buitengewoon
'n bietjie soos ek self

jy
my bont rugsak
is blou soos die viooltjieblou hemel
groen soos chlorofil in elke plantjie
pienk soos my lippe
jy spreek orals lewe
en getuig soos elke tong moet van vrede in chaos
jy is saam met my swart op hartseer dae
geel soos my lag
jy boei my soos geen ander vreugde kan nie
die oranje in jou stem is my vitamiene C

jy self raak rooi wanneer ek gevlei voel en bloos

ek sien myself raak

ek in 'n rugsak
ek sien myself bont
in jou
my rugsak.

Mamma

My mamma is die sterkste soldaat wat ek ken

my Pappa het vier dogters wonderbaarlik
in my mamma se baarmoeder geskep

sy het geboorte geskenk aan 'n drieling
saam met pappa opgebring
tot in suksesvolle
ordentlike
jong meisies

my begrip kan nie verstaan
die dinge waardeur my ma moet gaan
sy is verdraagsaam, geduldig, barmhartig
soos 'n ma moet wees

en ons vergeet soms om dankie te sê
aan die vreeslose vrou
wat die Vader
in ouma se moederskoot geskep het.

Nostalgiese reënval

Dit reën

ek kry terugflitse tussen die hede en die verlede
van nou en die vorige winterseisoen

die vreugde en vlinders tussen twee kinders
onbeskryflik en sonder woorde

het my asem weggeslaan
sonder om te probeer

hede:

somber en stil
alleen in my eie bed
ek verlang na sy arms om my
sy warm lyf teen my
dit is te koud hier op my eie

verlede:

twee kinders lê op die vloer
laggend en opgetoë
kamervensters oop
soos dié van die kamers van hulle harte
druppels wat druppel
ligte wat dans in die donker nag

dit reën

ek kry terugflitse tussen die hede en die verlede
van nou en die vorige winterseisoen.

Leonita Coutts

Is 'n digter en skrywer van Malmesbury, in die Swartland (Wes-Kaap). Sy het ernstig in 2019 begin dig gedurende die Covid-19 pandemie. Dit het haar gehelp om haar angs en depressie gedurende daardie emosionele tyd te oorbrug. Haar digbundel "The Other Side of Me" het, weens hierdie proses, die lig gesien. Sedertdien het Leonita haar voete as digter gevind. Alhoewel sy deesdae meer fokus op haar liefde vir skryf, kan mens steeds van haar gedigte op sosiale media raaklees. Sy werk tans aan 'n Afrikaanse digbundel, wat hopelik volgende jaar die lig sal sien.

Hartsnare

Koud is die wind...
ruk, pluk
aan my hart se snare
dun, dun
soos gare...
wind se kind
moenie te hard pluk
daai snare
wil, wil
span en breek...
so, ek smeek
sag, sag
werk sag
in die dag of nag
want (hart)snare
harmoniseer
hoog, laag
met geluk asook seer...
weer en weer en weer.

Paradoksaal

Ek sit vanaand by 'n koue vuur
terwyl die stilte in my kop bly skreeu...
eensaam maar ook nie alleen
want die nag het my siel lig gegee

oral om my reën dit sterre
maar my hart is eindeloos blind
geflous deur die donker in die verte
wat stadig my geluk verslind

en al voel ek nou soos niemand
sal ek deur die oorlog vrede vind
want lig kom in die na-nag
om dit wat horendsiende is
eindeloos te verblind.

Skakerings

Verbloem onder vele lae
van wit en grys en swart
die emosie en die vrae
van frustrasie en van smart

soms is genade nie genoeg
om ons deur te dra
soveel waaroor ons dalk wroeg
geen antwoord vir ons vrae

dus verf ons bietjie hier
en vryf 'n bietjie daar
poets dit tot dit blink is
asof niks ons pla

weerspieël die mooiste prentjie
aan dié wat vir ons kyk,
maar dit is net skakerings
van hoe dit regtig lyk.

Tale

Ek skryf in baie tale...

tale van seer en pyn
vreugde en samesyn
van vrouwees en liefde
alleenwees en diepte...

daar is 'n taal vir elke deel van my
hartstale diep in my bloed gegrein...
in my bloed, die kleur van karmosyn

tale wat net ék verstaan...

want net ék verstaan my pyn en seer
van lief wees en weer probeer
die vreugde van oorwinning
en die verligting van verlossing

ek skryf in baie tale...
om my te spaar van onnodige lyding
maar ook vir onthou en vir bevryding.

'n Wintersdag

Vandag...
sit winter aan my tafel.

My onkant gevang
gesoen
op my oë en wang...
met sy vingers
oor my mond gestreel
sy emosies
met my kom deel...
en nou
drup drup drup
reëndruppels
in my beker

en eks nie seker
of ek huil of lag
terwyl ek wag
dat hy moet groet...
bittersoet
ons kuier saam
en toe hy opstaan
fluister hy my naam
sag sag sag...

Vandag...
het winter aan my tafel kom sit
ons het gebid.

Riana Crafford

Sy is 'n Teoloog, berader en kunstenaar in verskeie genres, soos skilder, liedjieskrywer, lebretist, skrywer en digter. Tydens haar bedieningsjare het sy al meer begin dig, 'n liefde wat al op skool ontstaan het maar nooit sterk na vore getree het nie. Haar eerste volwasse gedigte was Engels en het sy ook vir jare in die taal gedig en liedjies geskryf. In 2020 verlaat sy voltydse bediening en Lewensvaardig-heidsopleiding as gevolg van die pandemie en dis in die tyd dat sy die Afrikaanse digmark ernstig betree het. Haar gedigte word in 2021 opgeneem in Feminite, Stap saam deur 2021 - 1 & 2. Die Nuwe Groot Verseboek 2022 asook in Lewende Water, Inkspraak 3 (2022) & 4 in 2023, asook in Stemme uit die Suiderland XVIII in 2023. Haar debuut bundel *Vryvlug* is in Oktober 2022 vrygestel op 'n glans geleentheid wat wêreldwyd uitgesaai is. Sy is tans besig met haar tweede bundel wat in 2024 vrygestel behoort te word, asook 'n gesamentlike bundel met twee ander welbekende digters. In 2023 tree sy ook op by die Kunstefees van Mosselbaai se dig exposé, saam met René Bohnen en verskeie ander welbekende digters.

Adam

Soms het ek gewonder oor jou bestaan
my alter ego, mý Isak in die woestyn
my refleksie in die spieël van Ewigheid
my ... tot die mag^2

Chavah se hart-landskap was dor en leeg
soms gedrink by bitter Marawaters-venyn
my skoene het klaar geraak in die woestyn
soos vrot lappe het leë beloftes aan my lyf gekleef

soveel pseudos langs die pad gevind
met geen soet waters in die En Gedi te vind
soms soos Ragab soos 'n prostituut gevoel
gaan daar redding wees uit hierdie lewe sonder doel

sleepvoetend soos Hagar weggejaag
jy is *"after all"* net daar om gebruik te word
jou diensmeisiepad vooraf vir jou bepaal
dis al waarvoor jy sal doen, om dienend te sorg

Maar daar is YHVH EL- ROI...

toe eendag in die stil van die middernaguur
met angstige hart en soutwater teen my binnekamermuur
voel ek die aanraking van my Oorsprong Ewigheid
"Kyk na die toekomsvideo wat Ek jou wys"

in verwondering sien my geestesoog my Skepper se keuse
"Regtig, is hy U keuse van voor ons nog was?"
vrede en liefde vul my hart met ontsag
soos Maria bêre ek hierdie wonder diep in my hart

soos die dae maande word en 'n jaar by voeg by tyd
verskyn jy skielik voor my aangesig
my kyk duif weg na ABBA se liefdevolle blik
met n teer glimlag knik Hy, "Dis jul kairostyd"

sag so eindeloos sag vou 'n hart soos maanblom oop
kosbaarder as mirre, frankinsens of goud
gekroon as seun van ons Ewige Oorsprong
stap jý Adam, diep in my hart, gekies deur Hóm as my tot die mag².

Herfs

Op Kanada se kroon
in Quebec se laatmiddag loom
duif my kyk teen St Lawrencerivier se soom
kronkelend teen die bors van die mooiste
woud-droom

soog somer die *maple* blare
al dartelend soos swaeltjies in die wind
in 'n moskombers word die grond gedek
in oranje, geel en roesbruin gevlek

laat ek jou van herfs se evangelies
leer
van die siklus van lewe
van die skilderdoek van die Gewer
en swaeltjies reg ge-gps en reg geveer

vir die groot trek
terwyl somer se laaste sand deur my
vingers loop
hoor ek die gebed van die boom vir sy
inkubasie-loom
kaalgestroop van sy waardigheid
neem hy afskeid van sy blaretapyt

maar met die stille wete
geplant en geanker kan hy na die vlokkies
wat reeds voorberei om sy voete te dek
uit sy eie blarekleed
die voeding van sy nuwe seisoen onttrek

en deur die kaalgestroopte takke
hoor ek die weemoedstrane van die wind
oor mense gestroop van liefde
mense vol gate - eensaam koud en verlate

geaborteer deur die siklus van lewe
om soos herfs plek te maak vir winter
maar in die kern van pyn
lê die groei vir later.

"Je ne sais quoi"

"Nameless, faceless" stap jy al jare deur my sinapses
wonder ek oor die oorsprong van jou gedagtes
voor die skepping was ons reeds 'n liefdesdaad
gebore in die majesteit van God se beraad

in Sy raadsbestel bepaal as eenheid saam,
alles wat ons kan sien en die onsienlike Shiloh,
was jý my Skepping van die ewigheid aan,
Aleph Tav het ons gemaak, *"creatio ex nihilo"*
jou eerste snak na asem was YHVH se Naam

robuus geïnkarneer in die beeld van Ewigheid
'n majestueuse aktualiserings van Heerlikheid
is ons gerealiseer in hierdie werklikheid,

'n kosmiese wonder binne ruimte en tyd –

Ons –

oorsprong ... reeds die einde van die stryd
keuses ... die uitkoms van ons geleende tyd
droombeelde ... is geen realiteit van jou verstaan
maar, selfaktualisering herken jóú in mý bestaan

ek het myself gelig na die "remez" van onnaspeurlikheid
eindeloos my sig, om jóú te soek in die ewigheid
ongekende stilstaan-oomblikke in my siel gebind
sodat my syn oor gesiglose einders jou meridiaan kon vind
uit die vlaktes, stuheuwels en ruwe rant
uit rotsskeure en klowe breek die aardkors-kant
soos 'n spieël in 'n raaisel
verberg-nog-nét-versiens
verrys JÝ in my hede...

soos *"The throne of Kings"*

Je ne sais quoi - iets wat nie met voldoende woorde beskryf of uitgedruk kan word
(buite die "scope" van die menslike verstaan)
Shiloh - 'n naam van die Messias Yeshua
Aleph Tav - Yeshua - Die Woord
Creatio ex nihilo - geskep uit niks
Remez - Remez (רָמֶז) – "hints" van die dieper (allegories: verskuilde of simboliese)
betekenis buite net die letterlike verstaan.
Meridiaan - die helfte van die sirkel, tussen die twee pole

Oesvat van vreugde

Robuus omsingel
my denke jou manwees
kokon vrede dit vas om my lyf
kom lê die laaste dwarrel
van windverwaaide winterblare
teen my voete vas vir hul seisoen van rus
by ou murasies en puinhope
steek ek vergete gisters reël vir reël...

nee, woord vir woord aan die brand
dans vlamme 'n riel
oor gister se verniel
daar het jy neergedaal
in my sielskatedraal
deur die doolhof
van donker gedagtes
het jy die donkerman bestraf
uit makabere beelde van woorde
en leuens wat drekbeelde toor
in siedende woestyn winde
verdamp verlies oor godverlate vlakte
styg my siel op uit die *abyss* van smarte

in bakermat merkers
draal ek en jy ver van vergete gisters
vloed 'n verwagting
na vreugdevolle lentemôres
lê jou naam diep op my kuipe gekerf,

skink ons lewe uit die oesvat
van 'n karmosyn dag,
spruit winter se saad
as geur van lentebloeisels
wat dartel en speel,
op 'n songeel oggend-tafereel.

Oratorio van my hart

Die reën sing 'n aria op die blare vanaand
'n oratorio van musieknota val deur die eter –

drup vraagtekens soos padpredikante
en maak woordkabbelings oor die
spoelklippe van my hunkerende hart
my leestekens het opgeraak...
in my begeerte om jou te verwoord
moes ek nuwe lettergrepe vind –
my kyk duif weg oor die hinterland
sien miragies op verre horisonne dans

dan sien ek by my sien daar vér verby
sien ek jou soos 'n dons sag nuanse
op my lyf dans soos 'n soel somersnag

uit my koker trek ek 'n pyl in goud geset
terwyl my oë nomadies oor jou dwaal
my gedagtes die lyne van jou duine braille
my dink gemik op die landkaart van jou pleine
sekuur en seker buig 'n boog en tref die kol
in morsekode stuur ek vir jou 'n stukkie perkament
met jou *zip code* netjies afgeëts daarop
skiet ek dit deur die blou atmosfeer
tot in jou hemisfeer en arriveer in jou milieu
netjies gekaart vir jou hart

so antwoord ek die taal wat jou oë praat
hoor mý oë die woorde wat jou lippe herhaal
onthou ek die muskus van jou op my palet,
het die gorras van die droë Lazarusvallei
oases geword met jóú as my daaglikse brood

*oratorio, 'n grootskaalse musikale komposisie oor 'n heilige of halfheilige onderwerp, vir solostemme, koor en orkes. 'n Oratorium se teks is gewoonlik gebaseer op die Skrif, en die vertelling wat nodig is om van toneel tot toneel te beweeg, word verskaf deur resitatiewe wat deur verskeie stemme gesing word om die weg voor te berei vir uitsendings en refreine.

Träumerei

Droomverlore dwaal my gedagtes om woorde
verdwaal my dink verby die ou opstal naby die beek
strome van lewende water vloei soos lente deur my are
en ek wonder oor die aleph bet en lewe

gevleuelde woorde vasgevang in emosie
ontdek sy oorsprong en vind uitdrukking deur die alfabet
gee diglettergrepe uitdrukking aan my begeerte om lewe te ontdek
op 'n hemelvaart na Waarheid se embriostaat
in 'n bedevaart om die oorsprong te vind vir my bestaan

hoor ek die melodie van lewe in *smorzando*
sal ek teruggaan na die *da capo al fine*?
'n lugreis neem tot daar waar drome ontstaan

in die baarmoeder van vroegdag lig,
gekoester in baringsnood van vlamrooi-lawa...
onthou ek dat lewe gebore is as Goddelike gawe,
daarom wil ek vandág wyd en syd die beste maak
van die wonder van óns kairostyd

met die swangervrug van woorde
wil ek met jou heilige brood breek
die wierook by ons altaarvuur sien sweef
met die spektrum van reënboogkleure
in die hemelkoepel oopgebreek

laat jou vingers die klawers bemin
die *ebony en ivory* van ons lewensdans besing
want jy het losgebars soos 'n wolkbreuk oor my lewe
die Godsvrug in jou hart benat my wese

oor die träumerei horison lê die karmosyn van môre
lê die opus van 'n nuwe skepping in lirieke berym
lê die Kompas van ons lewe in goud geset
staan ons reeds in die skadu van Ewigheid

*Träumerei - Dromerig - 'n toestand waar jy meegevoer is in jou eie gedagtewêreld
Träumerei - Kinderszenen, Opus 15: Träumerei - Schumann
Smorzando - stadige wegsterf van melodie
Da Capo al fine -Italiaans - terug gaan na die begin van 'n musikale uitvoering en dit oordoen tot die einde
Kairostyd - Hierdie bepaalde tyd

Verfyn tot volmaak

Vanoggend skryf
 ek haar
 in empiriese volsinne raak –

 my ink staan stil by jou

rondom-mooi is jy Eva-vrou;

hare sliert sonate~sag in haar sweefstap
stiletto's uit Milaan rond die prentjie af
Gucci swaai sorgvry teen haar lyf

 my pen berym die lyne van haar duine
ure se toewyding teen oefen kruine
poog sy om vir altyd soos Vogue
se voorblad te lyk
prentjie-perfek
in 'n Versace rok –

prosakorrek vou ek jou
in papirus toe:

'n lewe poëties
vasgevang in volsang overtures
stap sy smeulend, 'n rapsodie in rooi
sensueelsag en mooi getooi
illusieloos in haar skaterlag;

... want in jou oë lees ek
'n bewolkte hart raak
met 'n ysige kouefront wat wraak
bewend opgekrul voor die kaggelvuur
spoel tsunami's oor jou kontoer
breek brandervokale in jou oë vanaand

seer slaan jou oë op na die silwer straal
wat traan oor die vensterraam
spoel smart oor jou Mona Lisa pleine
tog skyn jy, selfs in die skadu van die
maan...

gemesmeriseer deur haar Damaskuspad
vlinder-dwaal my vingers deur
die anale van haar drie dae duisternis
skryf ek my inkvat leeg

al vloei woorde soms
sonder ritme en rym
sal ek steeds poësie pleeg in 'n

woordevloed
pensketse van 'n magiese wonderwerk

verfyn
uit 'n lewe van pyn
verrys sý nog steeds in Gucci en Versace
as 'n nuwe opstandingswese
met die elegansie van aristokrasie

Via Dolorosa van genade

Soos 'n bergkiepersol het ek gereik
na nuwe groei waar winterwater na my wortels gryp
gesterf vir 'n volk wat nekromansie bedryf
slenterstap ek saam met my Naomi-ma

my onvolmaaktheid lê wreed en ongewraak
waar hoon en spot aan mý vloekhout knaag
ru getand is my vuil bevlekte smartepad
met hoop gebêre in 'n horison vol prag

op die dorsvloer van my herfseisoen
toegedraai in 'n tallit word liefde my lendedoek
kan ek my Boaz omhels in 'n minnelied
want my waarde is as goud gesien

die kompas het my nuwe koers getoon
van ewigheid op die Via Dolorosa gerig
my losser se stem word my genademanna
want die pad na Golgota loop deur my skoot

'n diensmeisie word verhef tot ereplek
op *Calvary* word Sy pyn my redgebed
en my nasaat die Losser tot in Ewigheid
word Hy my redder en oorwinningslied

in die voorjaar van my lewe moes ek edik drink
maar die dorsvloernag het Lig geword
is my bruilofstafel met genade gedek
brood en wyn uit 'n goue graal geskink.

Christo du Plessis

Gebore Tsumeb in die destydse Suidwes Afrika. Hy het op skool al begin skryf. Natuurlik was dit meer rymelary as dig. Dit was die uitlaatklep vir sy gedagtes, geheime, vrese ... jy kan maar sê vir al sy emosies. Maar niemand het dit ooit gesien of gelees. Hy het baie gedigte van bekende digters gelees. Dan het hy homself in die gedigte gesoek en in baie gekry. En daardeur het sy skryfwerk gegroei tot sy eie skryfstyl. Vandag kan hy sê soos wat Elizabeth Eybers altyd gesê het: "Toe ek jonk was het ek oor dinge van my eie lewe geskryf. Noudat ek ouer is, skryf ek oor dinge van ander mense en laat dit soos my eie klink."

Wie het die doringkroon gevleg

Wie se hande was bereid
om die dorings te trotseer
net om die doringkroon
op die Heer se kop te forseer.

Of was die man gedwing
om die dorings te bring
die koning van die Jode te kroon
tot lag en spot en hoon.

Wie ... het die Seun so verag
om met gevlegte dorings te sou wag
met stukkende hande sy bloed
oor die Heer te laat vloei
... tot die volk se latere belydende skande.

Finale afskeid

Die storm het gewoed
sweet het soos traandruppels
oor sy wange gerol toe hy die
vêraf pyn van verlange voed
met gister se wyn wat wrang oor
sy tong met 'onthou jy nogs' skuur.

Die natuur het sy gang gegaan
sterk teen die storm probeer staan
terwyl die wynkristalle soos bevrore
watervalle sy siel aan skerwe kerf.

Die storm in hom het
nimmereindigend gewoed
sy verlange het vêraf finaal
sy eensaamheid laat groet

... en sy oë het oorgegee en dof geword.

Beroerte

Die letters stippel gebroke woorde
sonder waarde na die oppervlakte
waar die tong nutteloos sukkel
sprekende sinne sinvol te vorm

die arms en die bene bly swaar
die tong bly lam
want die ware sin van die woord
lê verberg diep in die brein

is gedruk op die hart
wat oor en oor die betekenis
van woorde en sinne probeer klank
formuleer verstaan te word

maar die woorde bly net
onsamehangende klanke.

Ek raak bewoë op my oudag want ek verlang na jou...

Maar ek verlang na jou jeug
jou lag en dans en vreugde
waarmee jy die lewe begroet het
die dae aangemoedig het om vinnig te lewe
totdat die son saans slaapplek gesoek het
sodat die suiderkruis rigting kon aanwys

en was jy sag en warm in my arms
ek het jou blosende gelaat geniet
want ons liefde was nie verniet nie
dit het geblom
sonder sorge sonder pyn
sorgvry en rein

nou sien ek net jou soutpilaar
wat vassteek in jou laaste treë
toe jy ook verlaas omgekyk het
stom gestaar na my brandende kasteelmure
in aardbewings van verlore liefdesure

nou is my oujare bewoë
my oë lek water sonder dat ek weet
my hart is gebreek – keer op keer
en my oë lek water
in my eensame oudag
sonder jou jeug.

In die stilte van die nag

Die stilte van die nag
druis in my ore
en die naggeluide versmoor gehore
maar jy is hier om my stukke bymekaar te maak
vas te plak
my hart nog 'n keer heel te maak.

Die donker van die nanag
stu voort sonder sterre
se flonker want die roet swart
van ondeurdringbare atmosfeer
laat my hulpeloos kniel sonder gebed.

Weer is jy daar om die seer
van my hart En my knieë wat die
klippers moet trotseer Met pleisters te plak
die trooswoorde af te stof en sag jou unieke
wiegelied se akkoorde in my hart pos te laa

En die kore sing:
"werk want die nag kom nader"
Jy fluister:
"in die nanag van die lewe
lê die rus sonder dat jy
tevredenheid by die son gaan soek".

Skeiding

Die aarde breek oop
as die saad ontkiem
maar niemand word
van waardigheid gestroop
behalwe die moederplant
wat treur omdat sy haar saailing
aan die harde werklikheid
van die lewe moet verbeur.

Reënboog

Vanaand laat ons
vreugdevure brand
want ons trane van rou
het 'n reënboog in gekry.

Hoekom is daar seer
voordat daar troos kom
hoekom moet die dood seëvier
voordat 'n nuwe lewe die lig mag sien.

Onweerswolke het voortdurend
stormagtig om ons gereën
en nou ...
nou word ons met blydskap geseën.

Ons trane van rou het 'n reënboog bygekry
want net U het beheer oor dood en lewe.

Bloedgranate

Die skedel breek oop
soos 'n rooi granaat
bloei dit in strepe
oor my wange

drup dit in taai poel
voor my voete waarin
daar geen weerkaatsing
die waarheid weerspieël nie

klewerigheid bind
my vuiste teen mekaar
om die donker gate wat
eens oë was te verlig

gedagtes spoel deur die
krake uit my brein
om die warboel in die
bloedbevlekte leuens te ontrafel

tóg ... die bloedrooi granaat
bly in onware leegtes bloei.

Wegraakspore

My drome het gaan lê
toe die winter my
soos 'n yskristalbeeld
op die vlakte laat vries

die plaashek lê oop
die tweespoorpad 'n rivier
jou spore raak verlore
in jou laaste tree oor die bult

my drome het gaan lê
toe die winter dit vasvries
teen die horison waar my

trane reën in afwagting

... maar alles verniet
my drome lê in
jou wegraakspore.

Ek kry koud

Noord swaai rond in die wind
die reëndruppels dwarrel
sonder om enige rigting te vind
en ek kry koud.

Die wilger bewe
net sy voete in die water
die hadida toebek
kop ingetrek onder sy vlerk

... en ek kry koud

want al kners die
winterstorm buite
teen mure dak en ruite
en al brand die kaggelvuur hoog

kry my innerlike koud
sonder die vuur wat
tussen ons kon brand om
die winterweer te besweer

selfs die soet van die wyn
laat jou somer in my kwyn
my sintuie soek na jou
teen mure dak en ruite

jy is weg...
en ek kry koud.

Carin Erasmus

Haar Ma het van kleins af vir hulle gedigte by die kaggelvuur voorgelees. Die bekende Amakeia, Die Ruiter van Skimmelperdpan, Doringboompie is deel van haar spesiale onthoue. Na baie jare se studies het sy eers in 2017 ernstig begin dig. Die eerste digkompetisie waaraan sy deelgeneem en van haar werke in gepubliseer was in Die Ingrid Jonker L'Art Poètique digbundel, Die more is jy. Sy het in 2017, 2019, 2020 in die top 5 geëindig van die Diggroep van Beginners en Begaafdes, waar sy 2 jaar in 'n ry die algehele wenner in Dig en Skryf was. Haar debuutbundel, *Toe val 'n veer*, verskyn in 2020. Van haar werk is ook gepubliseer in Stemme uit die Suiderland aangebied deur die GHA waar sy in 2022 die Algehele Wenner van Afdeling B was. Vyf van haar gedigte verskyn in Pendoring Digters II. By Ink Skryf In Afrikaans wen sy in 2023 die Algehele Digafdeling. In April 2024 word haar wengedig, 'n Ghazel, voorgelees op RSG. Die Ghazel-kompetisie was aangebied deur die Cordier/Berg skryfprojek. Die resensie van haar wengedig, Oorlog, word in Versindaba bespreek.

Olifant-ordonnansie

Dit het alles met die foto
van 'n vyf ton bosbewoner begin
in die noordooste van Botswana
tussen soetdoring en wattelboom
'n misversluierde grys fantoom

psigedelies die Landrover-klank
op 'n maanverligte grondpad
in die oerdrang van my onderbewuste
breek die dag tussen gebroke wolke
soos samboksalf vir my rowe

soekend na die slurpdier
verstrengel ek in Setswana
na ses snikheet dae in somerweer
vind ek haar langs 'n ou kremetart
waar 'n hadida prospekteer

jare daarna op die savanna rand

bulk mishoring-trompetter(s)
in 'n meerfout van verdriet
die mammoet-matriag het gesterf
'n donkerkol op die vaalbruin sand

twaalf roubeklaers kongregeer
wat in rituele groetsessies treur
terwyl sy bedek word met blaar en tak
raak slurpe haar eerbiedig aan
en oor 'n olifantwang rol 'n traan.

Dwaalvrou van Hexriviervallei

Liewe Eliza sou jy kon voorspel dat
jou beste vriend so sou sterf
daardie dag toe jou dapper
Jean besluit het om jou rooi Disa-blom
uitdaging te aanvaar

die rots wat verkrummel en hy wat val
... die nuus van sy dood, net na vyf
het jou na kranksinnigheid gedryf
jou ouers moes jou (vir veiligheid)
in die plaashuis se solder toesluit

in 1768 krap jy jou voorletters
op die spierwit vensterbank uit
een maanlig nag het jy ontsnap -
blindelings gevlug na waar
(hy) in die Matroosberg wag

met verlange en hartstog wat
jou kaalvoet dryf, vou die lang
wit nagrok sag teen jou jongvroulyf
eggo jou stem in die heuwels
waar jou roepe wegdryf ... wegdryf

uitgeput het jy by dié rotslys gestop
waar 'n enkel blom bloedswart staan
sonder huiwer het jy gespring

en so 'n einde aan jou waansinnigheid gebring.

Neoplasma malignum

Alleen by sy sterfbed
waar ek uit 'n plêstic hospice-stoel
kyk na die zigzag kardiogram
tip-tip die drupsak vol papawersap
wat sy breinaktiwiteit probeer beheer
dis twintig-sewentien in 'n cul-de-sac

dit is my kankerkameraad se finale stryd
in die metronoom van ewigheid
drup *sibiba intravenous* uit die *banana-bag*

tip-tip die drupsak vol papawersap
spoeg en spier verloor koördinaat en tyd
die kamer ruik sterk na urien-ammoniak

tussen ons oë dryf ongesegde woorde
wat bloedloos pleit vir nog 'n bietjie tyd
op 'n vaalwit laken rus vingers geel van twak

die papawerplant beheer (nou) sy breinaktiwiteit
_____ grafietlyn gil *straight* in finaliteit
'n *lacrima mortis* rol uit sy oog stil-en-strak

in sy géén begrafnis! géén *meatbôl!*-beleid
erf ek sy neëntien-15 Olivetti tikmasjien
dit was my kankerkameraad se finale stryd.

Selfekspedisie

Woorddronk op gelyke grond
sit ek en skryf, (soos nog altyd)
kruisbeen op die vloer van my hart
my magiese soeke na (konstante)
aanvaarding en stimulering
is geskend, geskeur, gelap
aan 'n Achilles-tendon hang

prikkelbaarheid en melancholie
nagmerries en 'n pikswart droom
dan
verskyn 'n bos bibberpers gebede
gevorm in my eie donderstorms
en druppel vir druppel-ink
in 'n bondel onthou-tou gebind
en daar –
net daar
het ek my persoonlikheid gevind.

Aljander-aljander

Dis 'n stukkende wêreld my ou
vol bloukolle rowe roggels en rook
in wentelbane hol nagmerries
verby ongekende grys gestaltes
word smeekgreep krummels
geweeg en te lig bevind
val pleitwoorde aan flarde
want -
wanneer die nag sy mantel swaai
kom loer witoog wiggelaars
uit geskeurde aardbol krake
skielik skarrel die skepping
soos wurms op kommando
binne in die bloekombos
skuil 'n tokkelos
en net slaphang doringdrade
skei die koringland
van 'n squatterkamp.

Stormkind

In die diepkant van depressie
verdrink haar woorde in swart kolle ink
brand die letsels van sy hande
in silhoeëtte van ontrou
haar hart 'n dreigende wolkbreuk
haar siel vol yskoue water

tussen leuens en beloftes
eggo sy stem -
wildvreemd en oerbekend
vou haar hande in sagtheid
om die ronding van haar buik
dapper kyk sy op
draai om en stap uit
dit is verby!
weer hy het dieselfde beloftes
aan hul albei gebring.

Moses

Stoksielalleen loop hy met sy staf
besig om Jetro se vee op te pas
op tagtig is sy lewe vaal en betekenisloos
vir veertig jaar lank 'n vlugteling
vêr van sy geboorteland
dan sien hy dit –
tussen woestynklip en sand
'n doringbos wat brand.

Moses! Moses!
'Hineni' (hier is ek) antwoord hy
'stop! Trek dadelik jou sandale uit!
jy staan op heilige grond …'

Moses van die biesiemandjie
deur Farao se eie dogter gevind
grootgemaak as koningskind
het jy ooit kon dink dat jy God
se volk moes lei? dat die stok in
jou hand 'n adder sou word?
so belangrik was jy, dat Hy
op Horeb vir jou gewag het
as leier vir Sy nageslag.

Uilhuis

'n Langwerpige platdak Karoohuis

Helen Martins se tronk en tempel
worstel sy tussen lig en donker
metafories vas gekokon

op die voorstoep 'n voëlhok vol uile
beddings vol nagblomkaktusse
wat af en toe hul maankleur
boeket hemelwaarts gooi
onrusbarend ikonografies
ontroerend – ontstellend
ontledend - ontvanklik
openbaar sy haar binnekant

geboude mure word afgebreek
koffiemeultjie maal kleurbottels
wat saans onder lamp- en kerslig
in miljoene glinsters reflekteer

Jonas, Piet en Koos Malgas
help skep met draad-sement-glas
wyse manne, kamele en engele
staan versteen in haar heilige Mekka

tussen sfinkse, meermin en pou
dalk dwarrel haar gestrooide as
onder stokstarende oë
nog op Nieu-Bethesda rond.

'n Ma vir haar seun ...

Oor laatnag koffiebeker-kringe
op die kombuistafel se koue blad
skarnier my onthou tussen gister en nou
ontwaak letters uit my penpunt

eers onder- en toe in my hart
jou eerste snak na asem
jou eerste glimlag-tree-verjaarsdag
toe ek nog jou handjie in myne kon toevou
my naam wat jy roep as jy val of seerkry

dié tyd toe ek al jou probleme met
'n drukkie, 'n soentjie of bietjie spoeg kon oplos

daarom speel ek Karen Zoid se *song* vir jou

wat sê ons moet glo net soos die kinders
deel in gesprekke oor al die mooi plekke
en dans in die somer se reën
twee dromers is beter as een…
dat jy eendag moet veg, met als wat jy het
en soms gaan jy voel, wat is die doel…
daarom wil ek hê jy moet
saamsing as musiek begin speel

seuntjies word manne en staan
eventueel voor die kansel
waar haar hart in jou palm pas
is dit tyd dat ek jou moet laat gaan

wees lief vir haar – soos sy vir jou
mag julle saam lag en feesvier
mag julle mekaar bly respekteer
saam kniel in blydskap en seer

mag ek vir oulaas jou hand vashou
jou omgord met mirre en gebed voor julle trou

ek het jou lief…
'my son of joy
you will always be my baby boy…'

My prinses staan op trou

Toe ek jou die eerste keer sien
sekondes na jou geboorte –
het ek besef ek het deur jou
in God se oë gekyk

baba geluide en borrels blaas
tandekry met 'n groot geraas

eerste tree-haasbekkie-geknipte kuif
troetel alles van 'n siek kat tot 'n dooie duif

jou stywe drukkies
duisende spoegbek soene
jou belofte dat jy eendag
net met my wil trou

en te vinnig kom die dag wat
Pappa stil moes terugstaan
in jou hart woon 'n ander ou
my poppielief is gereed vir trou
mag julle -
saam vrede vind
spore trap op vreemde plekke
mekaar bly bemin soos nou
prinses -
weet net altyd Pappa
sal sy lewe lank lief wees vir jou...

Marlene Erasmus

Gebore op 11 Julie 1964 in Upington. Sy het van kleins af stories vertel en liedjies opgemaak. Sy het haar skoolloopbaan in 1982 by Hoërskool Walvisbaai voltooi. Dit was altyd 'n droom om te skryf. In 2016 het haar gedig "Boom-betowering" langs die Von Bach-dam ontstaan. Haar prestasies sluit in verskeie toekennings by ATKV en Ink Skryf in Afrikaans-kompetisies asook by Malherbe Digters. In 2024 stel sy haar eerste digbundel, "Waar Woorde Val", bekend. Hierdie bundel is 'n viering van haar liefde vir taal, emosies en die krag van die geskrewe woord.

Arbeid en adel

Ek sien staan 'n smid in sy beroep
sy hande verhard met eelte deur die hamer
hy smee sterke staal met siel wat vurig brand
arbeid is sy erfenis in vaste hand

eenkant staan 'n tuinier op sy knieë in die grond
met sy hande oes hy sy groente terwyl sy oë skitter
hy koester daagliks die grond van sy teelaarde
sy arbeid is die lied wat die lente laat bloei

adel lê in titels en groot name
maar bly die kern van die arbeider se taak
elke werk wat aan hom uitgedeel word, doen hy
in die sweet van sy aanskyn verdien hy sy brood

soos die smid wat staal vorm met passie en vuur
en die tuinier wat lewe bring in die grond se uur
is adel die eer van werk en die trots van hande
wat met liefde en toewyding die wêreld omvorm.

Atlantis

Onder in die dieptes van die ewige see
lê daar 'n verlore erfenis: Atlantis se ryk
gehul in die misterie van groot geheimenis
sluimerend in die skemer van die verlede

toringpilare glinster van kristal en vuur
ver verhewe teen die hemel se vraende blik
skoonheid van die verlede nou in diepe see
in koelte van korale fluister stemme van weleer

die skadu's van konings en gode sluimer
waar sanderige strande hul verhaal vertel
die vingers van die wind streel oor die
vergete beskawing van kristal en vuur

stemme van die ou tempels se bestaan
klink sag deur die dieptes van die see
'n era van die mag en goud het verdwyn
maar die legende van Atlantis bly bestaan

kan dit dan wees dat Atlantis van weleer
weer uit die diepblou waters sal herrys?
is Atlantis 'n mite of net 'n dooie droom?
die antwoord lê verskuil in branders blou.

Hoop

Hoop is 'n krag in die mens se siel
wat die donkerste tye verlig met helderheid
dit gee hernieude krag aan elke dag se ritme
en vul elke oomblik met nuwe moed

in die hart van hoop is 'n diep werklikheid
waar drome vrugbare grond vind
dorre vlaktes word groen en vol lewe
en die toekoms ontvou soos 'n skoon wit doek

in oomblikke van oorwinning, skyn hoop se lig

en verlig ons diepste, donkerste tye
dit fluister wysheid vir ons toekomsdrome
en herstel die menslike siel se ritme
verweef in die netwerk van tyd
soos doudruppels op die oggendgras
vertel dit die verhaal van hoop vir die toekoms

die toekoms oorwin die tyd se uitdagings
saad vir hoop word geplant elke dag
elke nuwe dag bring 'n kans vir vernuwing
'n belofte van veilige voortbestaan.

In elke seisoen

Daar is soveel seisoene in ons lewe
waarteen ons so dikwels wil skop
soms wil ons selfs die horlosie stop
maar seisoene is vir ons gegewe

wanneer ons die goeie ou tyd onthou
word daar menige maal hard uitgeroep
en neem ons alles onder die loep
as herinneringe van gister ontvou

maar Prediker vertel van 'n ander tyd
waar alles volgens Sy plan sal verloop
- so sal Hy ons van alles kom stroop

leer dan nou om die hede te waardeer
want die goeie kom in hede weer
so is elke seisoen vir ons besluit.

Klankevrug

Met ritme en rym kom ek nou
met musiek in my ore sing ek vir jou
elke noot 'n fluistering van vertroue
en die wysie bly vir altyd behoue

dansende note sweef deur die lug
vul die heelal met soet klankevrug
musiek bring lewe in elke uur van die dag
waar mense moedeloos raak, nuwe krag
die viool sing sy hartroerende lied
met passie, gevoel en tikkie verdriet
op maat fluister die fluit helderskoon
kom skilder musiek in suiwere toon

die klavier se klokhelder vrolike klank
bring ons nader aan mekaar met dank
die kitaar se snare klink helder op
en mens wens dat musiek nooit sal stop

so, laat ons dans op die musiek se maat
want almal kan die taal van musiek praat
op die wieke van die note kan ons sweef
en na harmonie in ons samesyn streef.

Kobaltblou drome

Êrens in die skadu van vervloë dae
waar stilte die verlede bewaar
ontstaan daar nuwe drome uit ruïnes
met hoop wat ons na môre dra

versteende trane, nou gekristalliseer
word weer sprankelende visioene
vanuit vergeelde, vergete gisterblaaie
tot kobaltblou van môre se drome

ou liefdes fluister sag in die wind
en maak plek vir nuwe verhale
wat soos die eerste dagbreeklig
die donker nag in goud kom tooi

in die laaie van ons herinneringe
waar die verlede ons inspirasie gee
skep ons nou die toekoms met vertroue
met drome wat die werklikheid oorskry

ons verlede 'n gids na wat kan wees
'n kompas wat na nuwe horisonne wys
in die helderheid van ons toekomsdrome
vind ons die pad na ware nuwe geluk.

Lig en liefde

'n Kleinkind is so lig en skoon
met kinderlaggies vol van vreug
daar waar jul oumenshart bewoon
'n kleinkind is so lig en skoon
hul liefde dra hul soos 'n kroon
verstom my oor jou vele deug
'n kleinkind is so lig en skoon
met kinderlaggies vol van vreug.

My moedertaal

AFRIKAANS
jy wals deur die gemoed
van 'n volk – vervreemd
wyl ander tale jou
willens en wetens wil verdryf
vergete en uitgeworpe
maar jy hang (met genade)
aan die hart se punt
van die wat in jou floreer
so borrel jy in hul are

AFRIKAANS
jy word versmoor
tussen volksvreemde tale
jy slaap sluimerend tussen
vergeelde bladsye in boeke
van weleer
maar jy word weer wakker
en herleef in nuutskeppinge

maar

AFRIKAANS
vir jou sal ek met
woorde as my wapens
veg en staan op jou reg
vir jou pluk ek 'n
pouveer en plaas
dit in my hoed...

My veilige hawe

In jou omhelsing van steen en beton
is jy die kaart na kalmte in 'n kus
... ons huis, ons ankerplek vir lief en leed

hier waar liefde en lag ons verhaal vertel
met kinders se vrolike lig waar drome
hulle seile span in die toekoms se reise

hand aan hand loop ons die pad
en met gebede, ons padkaart na bo,
is ons geanker in God, ons enigste rots

hier groei geloof en hoop
en deel ons die reis na vergifnis
ons huis - 'n plek waar God se genade is...

Vir my Skepper

Met hierdie woorde wil ek U grootsheid kom besing
en my diepste dankbaarheid uitspreek in alles wat ek bring
U is die bron van alle lewe en die lig in my eie duisternis
die hoop in my wanhoop en U het my sondes uitgewis

U grootse skepping is 'n simfonie van kleure en klanke,
'n lied wat nooit stil raak, aan U het ek alles te danke
soos die sterre in die nag blink skitter U liefde in my hart
U wat die ganse heelal geskep het verander die smart

in die asemteug van elke blom wat bloei en elke voël wat sing
is daar 'n bewys van U kreatiewe krag en ek wil U hulde bring

U groot genade is soos 'n rivier wat vloei in oorvloed
as U my sondaarsiel voed en my gees verkwik in ootmoed

soos 'n nuwe sonsopkoms is U liefde elke dag nuut en opreg
so het U my kom red uit wanhoop en kom lei op U weg
U liefde is 'n veilige vesting waarin ek skuil en as U my vashou
in tye van koue is U is my toevlug en ek 'n christenvrou

U is die rots waarop ek bou en U is die een wat my beskerm
U krag is onmeetbaar, U mag almagtig en U liefde ferm
in nood se angstige ure is U by my en gee vir my rede
U hand lei my deur donker dae as ek u aanroep in my bede

soos 'n arend wat sy kleintjies dra, so dra U my met krag
U wysheid is die lig wat my pad verlig en U my toevlug elke dag
U Woord is 'n lamp vir my voet en verskaf lig op my lewensweg
in U teenwoordigheid vind ek raad om teen die bose te veg

U is my Skepper, my Leidsman en my Hemelvader
in dankbaarheid bring ek aan U my lof as ek tot U nader
mag my lewe 'n lied wees tot U eer, aan U alleen Heer
U het belowe aan die einde kom U op die wolke weer.

Waar my hart lê

In my lieflike land lê die lewenslig lank
en leef liefde oorvloedig in elke laan
dan besef ek waar jy ook heen mag gaan
sal jy die volheid van lewe beleef in klank

hier waar woorde warm soos winterwol
in waarheid wandel sonder enige waan
sweef berge blou en breed soos 'n swaan
my lieflike land vul sy plek op aarde in goue kol

die son streel ons aarde met glinster en glans
hier is ons kinders vry om te klim en te klouter
in 'n land wat skitter – in goud gelouter
'n land wat my teen die boosheid verskans

hier in my land waar God oor ons waak
as die maan mildelik melkwit glimlag
en wakend waghou oor die donker nag
weet ek dat Hy met ons erns kom maak.

Wat hou môre in?

Hoe sou ons môre dan lyk
soos ons dit beplan of oor droom?
huiwer jy slegs 'n oomblik
verbeur jy dalk 'n kans
op geluk wat soos
mis voor die son verdwyn

nog voor jy jou oë kan knip
waai die wolke weg op die horison
sonder die beloofde reën
waarna jy so lank al smag

hou jy te styf vas aan jou droom
gly dit glip-glyend na benede
en dan tref dit jou:
jy sal weer die krummels
bymekaar moet skraap
voor dit in die stof verdwaal

hoe sal ons môre dan lyk
as ons lugkastele bou in die wind?
gryp gou en gretig jou kanse aan
dan verloop die toekoms dalk
soos jy dit beplan...

Marietjie Espach

Gebore in Windhoek, Namibië. Sy het opgegroei en haar skoolloopbaan voltooi aan die sekondêre skool PK de Villiers te Keetmanshoop. Sy het op 16 jarige ouderdom begin gedigte skryf. Hierdie talent loop in die familie! Haar pa, At Reyneke, het pragtige kortverhale geskryf en haar seun Jakes Espach skryf kortverhale en gedigte! Sy het al heelwat Pluimpie en Veertjie toekennings ontvang by die ATKV. Gedigte van haar verskyn in Publikasies van "Poetry of Africa" in 2008, 2009 en 2010. In 2016 is van haar gedigte gepubliseer in Intermezzo, Tjoklit - woorde en 'n Moedersdagbundel – Umbilicus. In 2016 word die bundel, Swerfkind ten behoewe van Straatkinders uitgegee en haar gedig wat hierin verskyn word gebruik om die voorblad aan te vul. Van haar gedigte verskyn in Spore van Genade, 'n liefdadigheidsprojek geloods deur Alta van Zyl asook in Stemme uit die Suiderland 2022 en 2023 Dit was altyd haar droom dat Namibiese skrywers 'n gesamentlike bundel kan uitgee. Met behulp van Malherbe uitgewers is hierdie droom verwesenlik. Daar het reeds twee bundels in die reeks Stemme uit Namibië die lig gesien. Spore in die geskiedenis van die Namibiese Literatuur! Uiteindelik het sy dan ook in 2020 haar eie bundel uitgegee – *"Oomblik in tyd"*. Alle dank gaan aan ons Hemelse Vader.

Diaspora

Versamelnaam
vir ondraaglike pyn
wat rimpelend uitkring
taaie Afrikanervolk
wat wringend vashou
aan die doel...
na binne rou
opstaan van dag tot dag
in gebed vertrou
op nuwe lewensreg
op nasiebou.

Afskeid   (Diaspora reeks)

Rugsakkie op
handjie wat waai
klein lyfie wat huppel en spring
begrip wat later sal kom...
met my toep
volg ek die vliegtuig in vlug
Johannesburg, Singapore, Sydney
skreeuende oopmond-hart
stille smart
monitor maande
video-oproep-gesprekke
tyd wat pynlik bly rek en rek
stadig na binnebloei
weggroei.

Wolke

Wit wollerige watteberge
spookasem wat dryf
drome in vreemde vorme
soms gesigte
'n engel
'n draak
'n lyf
windgebonde swerwers
oor ver vlaktes
woestyn en see
vat my hart en gedagtes
om aan jou te gee.

Draai van die seisoen

Ek voel dit in die lug
bespeur 'n dringendheid aan die voëls in hulle vlug
die mossies wat elke donsie en wolletjie
na knus nessies onder my dak aandra
laaste sonstrale se hitte
op warm vlerkies nes toe dra

grasspriete wat verhard en vergeel
bokkies wat stil onder bossies wegkruip en ophou speel
vroegaand kruip die donker oor my voorstoep
raak die voëltjies in die olyfbos stil
hoeveel winters nog vir my
Here, wat is U wil?

Nagvrees

Jou liefde
skilder snags
prentjies teen my kamermuur
dra my in verbeeldingsvlugte
vat my na verwegplekke
vul elke lang donker uur
hou my lewend, hoopvol
tot die son skugter
aan die westerkim raak-raak
moeisaam en stadig teen die horison uitklim
en goud soos 'n waterval
deur my venster stort -
die dag is net te kort.

Huil (Diaspora reeks)

Vanaand maak die soutwater
blink paadjies
wat eers aan my wimpers hang
dan... uit by die ooghoek
en word by my slaap
in die hare opgevang
dit loop sommer net aan en aan
niemand hoor of weet of verstaan
môre is jou eerste skooldag
op 'n ander vasteland
twaalfduisend kilometer hiervandaan
die internet roep self die herinneringe op
konfronteer my daarmee
ons by die Boeremark
jou klein lyfie styf teen my hart

wanneer is dit genoeg verlang
wanneer is dit te veel seer
ek sit jou vir ewig aan die voete
van my Vader neer.

Winterkind

In wringend winterkou
ysig koue wind trotseer
kort klein beentjies wat dapper skool toe stap
ses jaartjies oud
warm mieliepappies
met gerasperde biltong en botter geëet
Pappa wat my wolhandskoentjies binne warm blaas
sorgvuldig elke kort ronde vingertjie soekend inwoel
soveel liefde wat saam met die hitte my oorspoel
Boetie wat voor stap
met sy skraal lyf die wind moet breek
pouse 'n lekker broodjie met uitgebraaide vet en stroop kon eet
in daardie soete paar minute
in snoesig winterson
net van skool kon vergeet
droom om tuis te kom
met bruin skurwe handjies
kosbare modderkoekies te bak
in rye op die stoepmuurtjie te pak
netnou sal mamma huistoe kom
na huiswerk vir ons uit die Jongspan lees
van Nak die Eskimo seun
later warm gebad
kamfercream gesmeer
gebid
toegemaak
rondom my
die engele wat waak.

Naspel (Opgedra aan my ouers)

Maanverligte nagte
sien ek julle
spelend daar onder

in die koue water van die kuil
hoor ek
die kranse by Katrientjie
eggo julle lag
jonk en gesond
hoe alles eenmaal was
jul plaasuiltjie hou
grootoog die gereelde
skouspel dop
in my nagtelike droomvlug
voel julle naby...
altyd hier by my.

Vuurvliegie

Daar is 'n vuurvliegie in die donker teen my kamermuur
in die oorverdowende stilte
word my oë my enigste sinne
snak ek na my asem
sien ek in verwondering
in 'n oomblik wat ewig duur
hy skilder U naam
met vuur.

Droomplasie

Lang laatmiddag skadu's
wat in die kromming
van die berg kom lê
wat vir my
welkom terug kom sê
hier waar ons twee wou boer
'n plasie wou koop
tussen klip en kameeldorings
bly ek jou spore in die lopies soek
jou stem in die wind
ek weet
ek sal jou in die hiernamaals
in die wye vlaktes vind.

Wanneer ek jou weer sien

Wanneer ek jou weer sien
sal ons wild in die duine dans
ons voete 'n ritmiese hartklop word op die warm sand
die grootse oomblik
van herontmoet
die diep polsslag van ons bloed
dan
sal ons ligvoets
soos strandlopers speelse deur die branders draf
uitbundig en laf
en in diepe omhelsing op die rotse bly staan
stil teen die horison geraam

wanneer ek jou weer sien
skryf ons liefdesbriewe
met ons tone in die sand
vertel van verlore ure en jare
ons harte aan mekaar verpand

wanneer ek jou weer sien
en die son sy lê op die horison kry
wil ek glo dat jy die keer
vir altyd sal bly
by my jou vrede sal kry.

Magdalie Grobler

Gebore: 27 Oktober 1977 in Springs. Haar ma het vir hulle Langenhoven en gedigte gelees voor slaaptyd, en met haar gunstelingmusiek omring in die oggende. Sy skryf want woorde maak sin wanneer niks anders sin maak nie. Sy kry haar inspirasie van alles om haar. 'n Mooi liedjie, 'n treurige film, mense op haar pad ... selfs advertensies kan haar inspireer om 'n gedig te skryf. Sy skryf selde oor die natuur, hoewel die natuur ook dien as groot inspirasie vir haar digkuns. Sy versteek soms geheime boodskappe in van haar gedigte. Sy geniet dit om met die woorde te speel en presies te sê wat in haar hart is. As mense verstaan is dit 'n bonus.

Bitter-soet
(Jerigo)

Nou dat jy weg is-
Weet jy nie dat;
my naam op almal se lippe rol
my stem in almal se ore klink
my woorde in almal se harte bly.

Kan ek 'n Judas-glimlag
vir die wêreld wys.
Voorgee dat ek gelukkig is met my roem-
In volmaakte harmonie met myself.

Sonder jou -
Beteken alles niks.
Sal ek alles ruil
vir net nog een oomblik saam met jou.

#thedaythemusicdied
(Vir Heinrich Hamm - 18/11/2023)

Jy staar van koerantvoorblaaie -
Hoofopskrif: 'n Held!
Kordaat jou lewe gegee
(sinneloos van jou lewe ontneem).

Besing dié wat jy nalaat
jou lof (jou stem) en
betreur die oorverdowende
stilte
wat jou heengaan attesteer.

Die koppe rol in die pers-
vertel dat die lafaards
gevang is;
dat jou fiets gevind is.

Nêrens staan daar
dat jy soos Lasarus
weer kon opstaan-
asemhaal.

Onbenullig en waansinnig
sing die kore-
Die nageslag van jou
goddelike opdrag.

Die opus wat jy
sonder skroom soveel somers
(en winters) lank
met vlam volbring het.

Hoor ek weer jou stem
in die kerkbank en verhoog:
"...wat ek is, is net genade
wat ek het is net geleen..."

Wyl ek worstel met my trane,
en die skryf van die rubriek-
Wil ek net eenvoudig sê
#thankyouforthemusic

Tafels in *lunch*-tyd maak jou laat vir die *show*
"Destiny is when two hearts,
two minds and two souls know the search is over"
      Joy Long

Ek het altyd geweet...
jy gaan die hoofrol vertolk.
Voordat ek jou naam geken het
het ons Meesterdramaturg die regie geskryf
die perfekte teks - vir ons.

Ek het van jou gedroom...
Jou gesig, verbloem
met verwagtinge van ander.
In elke repertoire- jóú gesoek
tyd verspeel terwyl ek wag...
wag op jou verskyning.

Die reis onderneem
na verre lande
jou in gange vol geheime gesoek.
Verslaan, die verhoog verlaat
my muse gesoek -in sekerheid en diensbaarheid.

Vir oulaas...
my artieshoed afgestof
(bekendheid verruil vir avontuur)
en 'n nuwe produksie aangedurf-
Met die vasbeslotenheid
dat ek,
die hoofrol gaan vertolk.

Toe vind ek jou...

Dis hier-
hier waar ons galavertoning
voor 'n skare van ons naaste toeskouers begin.
Dae vantevore- net 'n kleedrepetisie.
Elke groottoon-geheim bêre
ons van nou af saam.

Voortaan sal ek (en jy)
in ons produksie die heldin speel

want
hoe geseënd is ek nie
omdat 'n deel van my siel,
by joune kan rus.

Rooi Duiwel

Almal wat die vonnis hoor,
vrees die onbekende reis.
Die stories van ander
word op harte uitgraveer.

Dokters katkiseer herhaaldelik
repeterende rubrieke;
wyl God smeekbede, en
versoeke van ingryping verhoor.

"Gaan my hare uitval?"
Vra die ydel van aard.
Geen ander newe-effek
knaag meer as die kaalte van kop.

Soos die rooi duiwel dans
deur die are en vate,
pirouette en pronk
hy sy vermoë om te vernietig...

...en te genees.

Met komplimente
('n Pastiche vir Rachel Wiley)

Ek wens vir jou -
Maande vol grys horisonne, en
dae se ophoudende motreën.
monochromatiese verjaarsdae
(gevul met identiese kaartjies)
gekreukelde geldnote
geskifte roomkoek;
sakdoeke

en goedkoop oliekolonie
(wat jou naar maak, en
wat aan jou klere klou vir dae)

Ek wens vir jou oorwurms,
en die naald van 'n grammofoon
wat hak-hak-hak,
op 'n liedjie wat jou herinner
aan die meisie (met die groen oë en rooi krulle),
wat jy nooit regtig jou eie wou noem.

Ek wens vir jou grys dae vol motreën.
Smaaklose sop sonder murgbene, en
die liefde van jou lewe,
wat jou versmoor met
verbeeldinglose aandag, en
eentonige gesprekke...

Ek wens vir jou voorspoed,
maar ek wens nóóit weer
dat die meisie (met die groen oë,
en rooi krulle) wag vir jou, om haar
joune te noem...

Laaste eerbetoon
(Huldeblyk vir Jan – 23.1.55 – 4.4.24)

Dankbaar -
kan ek my finale
eerbetoon in woorde
vleg (verweef) aan jou voetspore.

Net 'n voorreg om
vir nege plus twintig
sonasomwentelinge
jou kind te wees -

Jou heengaan los 'n holte
waar bloed en aar aangord.
My borsholte betreur jou -

My harsings herhaal die gebaar.

Die einde van 'n era;
daar waar jou long
die laaste asem uitblaas, en
jou hart sy ritme rem.

Die stilte van jou stem
sal voortaan in my ore eggo.
Kleef jou aanmoediging
aan my menswees.

Sonsopkoms was elke
trane-druppel weg.
Hemel jubel oor jou tuiskoms, want
die wêreld is ons woning nie.

Glorie aan Hera
(2022-02-25)

Ek wil (terwyl jóú bedrog van my lippe drup)
'n brief saam Hermes stuur.
Want, dit wat ek vir jóú moet sê
bêre mens nie vir eendag
wanneer die haat bedaar nie.

Ek wil onverbloem my afsku vir jóú
aan die wêreld ontbloot,
met die hoop hulle sal jou
verwerp, vervloek, verstoot, verag, en
onbeskaamd, soos Hera, jou die rug toekeer.

Gewapen met my (halsoorkop) woede woorde
wil ek jou gelykmaak met die kurwes van Gaia.
Veg ek verwoed op bitter papier, met neurotiese klanke,
want ek wil jou aanmatigheid met my potlood skend.

Vandag pen ek met 'n beswaarde alfabet
my worstelende storm neer.
Gebruik ek goddelike Zeus se donner en bliksem

sodat jy my toorn kan begryp;
Want hoe kan jy lees en nie verstaan?

Soos enige goeie Griekse tragedie
sal net jou einde vir my vrede bring.
My hoop is dat jy
van dieselfde bloed sal drink,
as jóú faam...

Dor
"I began to realize that I knew more about endometriosis than my doctor did."
Bethany Stahl

Met leë hande, en
oë vol trane van teleurstelling
sal jy veelvoudige
dokters spreek.

Maandeliks sal jou menses
jou terg met die
vooruitsig van verwekking.
Die belofte van 'n bevalling.

Maar,

nooit sal jou
baarmoeder (knus) 'n volmaakte fetus vorm, wat
jou vrouwees vervolmaak.

Nooit sal jou
volrond figuur
vlyend van jou
vrugbaarheid vertel.

Nooit sal jy die pyn
van kindergeboorte ken-
Voel hoe jou hart
buite jou lyf klop.

Die pyn van kinderloosheid
sal jy herhaaldelik dra
in jou hart-
In jou buik.

Jy sal glimlag vir die wêreld,
Huil in jou binnekamer,
Smeek by God-
En, jy sal aanhou hoop.

Die groot K
(Vir Dezi)

Die koue kleurlose *chemo* kamer;
rye soos sardien gepak.
Wagtend om genesende gif
('n tweede kans) te ontvang.

Angstige emosies kleur
somber gesiggies in-
Woordeloos wag elk
op 'n glimlag, 'n aanraak...op hoop

In die hoek sit 'n kind;
die onbekende reis (moes sy)
hopeloos te vroeg aandurf.
Moes sy reeds mortaliteit verken.

Naelbyt ure-wag-oomblikke-
Die vrees geskryf op haar ma sy laglyne.
Die kind kyk op, lag-
en hoop straal.

Dis hoe ek voel oor Kersfees

Die geskenke kan maar nog 'n jaar
onder die denkbeeldige kersboom lê.

die kersete voel soos gedwonge nagmaal

(waar die geldjie onder 'n lappie gesit moet word)

die kersseisoen
voel soos 'n casino, waar
elke man is vir homself spartel.
elke enkel ouer probeer
goedheid en guns wen.
elke gatkruip geskenk
kom sonder enige
goedhartigheid en eerbaarheid.

sal selfs die grootste
christen 'n kersbonus terughou-
verskoning soek om Mammon te eer.

die goue kalf
is die kersboom wat
'n afgod en pronkstuk geword het

Kersfees gaan oor
geld en geskenke.

Jesus is gebore
die lig van die wêreld.
Ek vermy eerder die klug
en hou vas aan Sy lig.

Coenie Horak

Gebore 13 September 1959. Tans tutor hy by 'n tuisonderrigsentrum te Bethlehem waar hy graad 8 tot 12 leerders tutor. Hy was die grootste deel van sy lewe in die besigheidswêreld betrokke en het eers gedurende Desember 2018 sy hand aan die digkuns gewaag, nadat hy vir 'n jaar in 'n blanke plakkerskamp gebly het. Hy sien homself as 'n amateurdigter en aktivisties lief vir Afrikaans, die Afrikaner en sy Skepper. Uiteraard dig hy oor belewenisse en hoe om sin te maak daarvan. Hy het 'n sagte plekkie vir klassieke digvorme, maar voel ook gemaklik in vrye vers. Sy gunsteling letterlelie is verseker Antjie Krog, alhoewel hy redelik wyd lees onder gepubliseerde digters.

Auf wiedersehen
Die dagstestament is geteken
op die westerkim
in 'n rooi restantsglim
tog moet ek belydend beken
die emosionele servituut
van vorige verbintenisse se houvas
is 'n dans op glipgladde kerswarm was
en maak my adieu se saluut
'n naakte smart-roep van treur
'n eed aan die pyn van losskeur
oor en oor en oor en nog 'n keer
tog is dit dankbare dade van eerbied
tot by die laaste laatlied en
die kosbare heellaaste groet
van goeienag en tot siens en vaarwel.

Die boom van kennis van kwaad se goed

My vraagdeurskote oë
is al wat ek nog gewilliglik glo
want
ek moes eers die seestorm van haat
met my eie bootsboeg klief

die sout te proe van seer se stief
toe eers ek kon weet
hoe innig het ek lief
die dorings en distels van medemenslike droef
moes my toerank
tot 'n leef van suile stank
verwond en kruppel en mank
voor vergifnis my blatant sou baat
ek, geklee in die keiser se fynste kant
ja, my hele ganse lyf vol
toe eers kon ek die skaamte van kaal voel
van 'n winterswoord se snerpend soel
die skatkamers van Mammon moes ek betree
voor ek kon weet
van die seën van gee
my eie hand is geleer om oorlog te maak
en te aanskou die lewe se bloed
wanneer vrede skaarserig raak
soet groei so welig deur bitter se seer
word goed dan net deur die kwaad geleer?
hul het tog eens self gekies
om te weet
van reg en van verkeerd
soos God
en stap toe so
stil soos hul straf
uit Eden
uit.

Die hemel se hekke hang skeef

Die tyd het oud geword en
die bibbernagblou is onherroeplik
verpand aan die vel van
'n vreemde vriend
wat my taal swymelend prewel
as inkantasie vir sy leedslot en
dan luidkeels sy vrese propageer
en eie verniksing tot 'n hellehoop
bepleit

waarin net geweld nog standhou
koestering word koetsend
as strafspirale van ontneming bejeën
vir smartsondes gepleeg
dekades gelede en sy onverskrokke
vasberadenheid om die genadelose
blaamswil van die
kruis van sy sondeval self te dra
en om dan die grootse garanse van
mensmedenheid af te sweer deur
die barmhartige Samaritaan self
te wil betaal
want die hekke van die hemel
hang skeef
al het ek 'n wolwit vlag
in my hart geplant.

Die kiekietas

Die klein kartontassie kreun
oor sy boepenslas van
swart en wit kiekies wat
gulle grys oomblikke van weleer
se saamgeit en lagtyd
tot onthoustatus verhef
deur 'n kyk en korrel en klik
met 'n volbruin fotografiese film verf
uit Kodak se vinkgeel boksie slim
wat raampie vir raampie opwen
tot perkament van permanent
al minder klik die kiekietas se tweelingslot
en al luier word die wat soms nog loer
na die lewende dooies wat
lawwig lag of ernstig vriendelik frons
want al hoe meer siele se naam
raak vergete en die gesigte vries
vol vreemdheid vir die nuwe geslag
wat vol onbelangstelling die tas
stoor heelagter in die hoë kas
om dan eensaam soos 'n graf

uit te sien na die onbesoeke van
verlangse vreemde familie
magtig, ek verlang skielik na my ma!
wat met die klompie kiekies
'n verhaal kon vertel
wat jaar aan jaar verbind
en die end kon opbuig
tot binne-in die begin
van sin.

Die Leviatan

In voue vol vrede van Franschhoek
teen die berge halfgehapte waatlemoenskywe
van Drankenstein se wingerdsdruiwe
waak die leviatan van Wemmershoek

sy vreetsvlam tanend teen 'n westerswolk
in sy hart dril die doodsteek dolk.

Geskapenheid

As eens vars geformeerde uit sterrestof
is ek die stondigheid van 'n leef se lank
gekasty met dinksdagha uit 'n dogmaplank
dis oud en vuil gevat en voosvrot, ja drifsdof

want selfs siele wat hemel toe wil gaan
vrees om op die dood se donker stasie te staan.

Tot die mag van ...

Dit was nog altoos die middelskot
tussen been en holtes vol murg
wat jaarts en jaarts nuwe lap
naatloos perfek
aan my seer verweerde
lyfslap
kon vasnaai
sonder dat die goeie wyn

verlore sou gaan
van die nuwe lap
op 'n ou sak
ja, op hierdie karigkleed
borduur ek week na week
van die lewe, elke liewe steek
want die sweet van my aanskyn
saam met groot gewag en
my verkankerde voorspoed
laat my bietjies-bietjies bossies
van seën eet totdat die stof weer
van my besit neem
en die voue van vrede verewig
om my toevou.

Tyd heel

Soms, staan ons weer langs mekaar in tyd
in die swerk en swang van geteikende verwyt

wat soos 'n strandsambreel, diepgedryf in sand
sy skadukol flets teen onthou se grenskant

ek dra nie meer aan die boedelskuld
en die wense van drome, onvervuld

want tyd laat klodders lig
anderkant alle mensheid kaats en skig

glimlagte in ou kiekies speel sonoor
nog net vir my siel se oor

die tydstroom mond in die see van selfbehoud
en ek kry vashouplek aan die vlothout

ek dra nie meer aan die kruis van die sondeval
het opgehou drink aan die beker bittergal
ek lewe oor
in 'n soeter, skrander stand
buig my boom hierdie keer

met my eie hand.

Verse vir my vlees

My laaste kwart kwyl kwistig
en tussen my letters boer 'n bard
met fris verse van flaters en verdriet en van vrees
aanmanend teen die lyflikheid van die gees
dié letterkartetse se klapsklank huiwer hard
in die nakwyn van trots oor verleende mag
neffens my, helder oordag
en al die troos wat broer en vriend kon gee
kersflikker in 'n storm op die see van Galilea
waar metafore my siel van kettings bevry
en stylfigure my waardes betekenis laat kry
beeldspraak het my tot die daad versterk
deur die harde, heilsame wonder van werk
en ek loop ook op die water nou, maar
verlange en verlatenheid bly egter steeds staan
t'wyl die spasies tussen my verswoorde
so onvolkome en onvolmaak afgerond
saggies waarsku oor hoe die lewe kan wond
my gedig is eintlik net 'n potskerf van Job
om die jeuk te keer.

Die winkel van woorde

Ek, ek is net 'n wrogswinkel van woorde
wat letters aanmekaar langsmekaar rangeer
met akute aktiewe Afrikaanse metafore
die versstryd van my menswees se probeer.

Drienie Kelly

Gebore te Zeerust op 19 Maart 1975. In 1993 matrikuleer sy aan Hoërskool Grenswag. In 2019 begin hierdie digter skryf as 'n stokperdjie, en binne 'n bestek van tyd gee sy haar eerste debuutbundel uit deur selfpublikasie, genaamd:
"Deur die oë van 'n Digter." Dit was 'n reuse sukses, en tot op datum reik sy nog vier bundels deur Malherbe Uitgewers uit met die volgende titels:
"Grondpad vol Beloftes"
"Waar die Bloekombome Dans"
"Tussen Doringdraad en Kosmos"
"Robyne in die Wyn"
Sy is op die oomblik aan die werk met haar nuutste bundel, en sy werk ook aan 'n kortverhaalbundel.
Sy is ook 'n welbekroonde digter en het die volgende toekennings al ontvang:
* Algehele wenner/ Digter van die jaar van Padlangs 2020
* Afdeling wenner van die Louwrens du Toit-prys in die GHA - Kompetisie 2019
* Algehele Naaswenner van INK - Skryf in Afrikaans 2020
* Algehele 4de plek wenner van INK 2022
* Afdeling wenner van die A.D. Keet-prys in die GHA – Kompetisie 2021, en in 2022 tree sy as Algehele Wenner uit die stryd van dieselfde Digkompetisie.
* Algehele 3de plek wenner van INK 2023

Die Boom

My Abba Vader, my Jesus, my God
U het my volmaak gevorm
gesnoei tot 'n boom van geloof
en na die winter het U my lentebloeisels laat bot

U het lewe in my doodsheid gewek
en in my diepte ontwaak 'n nuwe krag
die dag breek deur my takke van dankbaarheid
en my toekoms word in vars groen liefde bedek

in my skadu skuil geen vrese meer nie
want my wortels is diep in U heerlikheid gepen

trots staan ek teen die hemel se blou
geanker in die grootheid van die Heer.

Genadegebed

Drogbeelde verskuil om die hoeke van nag
skaduwees wat sluip onder vaandels van terreur
terwyl die sekondewyser die aanslag van tyd verduur
wag die harteloses op die regte tyd; die wapens sekuur

vanaand is die donker onheilspellend verswart
en die hulpeloosheid van die brosse hang in die lug
die hand van dood wag geruisloos in stille verraad
en boosheid sluimer in genadelose asem van haat

die nag het oud geword toe die haan drie keer kraai
en lemme het geflits net toe die sterre wou slaap
die maan het stil-stil agter die mantel van donker verduister
en sag in gebed het 'n boer na sy Meester gefluister

meteens het die swart gordyn voor die hemelpoorte geskeur
en vreesloos het die boer voor Goliat gestaan
bloedstollend die gille wat oor vlaktes weergalm
maar teen dag se breek was dit geruisloos en kalm

op die plaashuis se stoep sit 'n dankbare boer
in sy gebed lê genade, en langs hom staan sy roer...

In die holte van my hart

Soms stap ek 'n entjie
na die gisters se verlang
na die plaashuis in die bosveld
waar onthou aan heimwee hang

dowwe spore van my lewe
lê weggewaai daar in die sand
waar ek soekend na jou roep
val tyd reg deur my hand

want in die holte van my hart

het ek ons liefde uitgeplant
ek het gehoop dat dit sal opkom
en sal blom regoor die land

maar die saad het weggespoel
deur die storms uit my gemoed
en al wat nou nog oorbly
is warrelwinde wat bly woed

stap ek kaalvoet oor die voetpad
waar die bloekombome dans
val my trane een vir een
in die reën se glans verskans

teen die witgevlekte hemel
hang die wolke in verdriet
nie 'n sonstraal is in sig nie
geen troos om my te bied

hierdie terugstap na die verlede
is 'n hartseer avontuur
want die prys wat kom met gister
is op die ou end net te duur.

Pluk vir my die sterre

Pluk vir my die wegkruipsterre
en gooi dit in die see se blou
bring sommer die maan ook mee
ek het nog nooit van sy skynheiligheid gehou

verduister my spore in die nag se swart
en suig my longe nou maar een keer leeg
ek wil nie meer deel in die lewe se smart
waar die bitter swaarder as die soet moet weeg

keer tog dat die son met dagbreek sy aangesig wys
laat hy net eerder bly waar hy is
ek wil hom nie eers sien waar dag verrys
want hy bring net hartseer na my toe gewis

duisternis is deesdae my enigste troos
wanneer hy my toevou in die slaap van dood

red hy my hygende hart so stukkend en verbrokkel
daar waar hy vertrap lê in vernietiging se koggel

ag pluk vir my die dag en bêre dit tussen die blaaie van die Bybel
laat die minute net stil-stil deur tyd se uurglas sypel.

Tweede deur

Onder die dekmantel van liefde
speel jy hierdie spel
pionne op 'n skaakbord
'n mart'ling uit die hel

een skuif in die verkeerde rigting
en jou rug is teen die muur
maak seker van jou saak my vriend
maak jou skuif tog só sekuur

in die dobbelspel van liefde
lê geheime goed versteek
pasop maar vir valse woorde
dit kan jou hart in skerwe breek

deur die oë van jou opponent
sien die waarheid verskuil
moenie al jou strategieë
vir haar liefde gaan verruil

want die lewe is nie altyd eerlik nie
en die liefde is nie ewig opreg
speel die liefdespel versigtig
vind die goue middeweg

maak jou skuif sorgvuldig
hou 'n tweede deur na my hart oop
want as jou liefde in dié spel nie wen nie

weet jy waarheen om te loop.

Sybie Kleynhans

Gebore op plaas Kleynhansrust, Kroonstad, op 4 Maart 1951.
Hy was op skool in Kroonstad, sluit by SAP daar aan in 1968, na SAP Kollege, Johannesburg Blitspatrollie en weer terug na Kroonstad. Hy sluit later by 'n huursoldaat-mag aan, waarna hy gaan boer, later 'n grootwildjagter raak en daarna 'n swerwer. Hy skryf sy eerste boek in 2013, tot op datum drie digbundels onder eie naam en sowat twee saam andere. Aan die skryf kant is hy reeds besig met sy vier en dertig en is tans woonagtig in Potchefstroom distrik.

Jy

Gretig
met oë vol verwagting en hoop.
drink
ek die vlekloosheid van jou skoonheid in
versadig
ek my gees en dié van my vlees
verander
my murasie in 'n droom-kasteel
luier
jy in die dongas van my drome
dartel
jy oor die heuwels van my hartstog
verdwaasd
voel ek hoe liggaam en siel in tot in volmaaktheid saam- smelt
begeer
ek jou alles...jou totale wese
bemin
ek jou tot aan die einde van tyd.

Sonder jou

'n Leë huis
mure 'n afgedopte grys
'n kamer van hartseer
in 'n bed vol berou
slaap ek nou

lakens van swart
smart
opgehoop
met kussings van wanhoop
en komberse van mislukkings

'n pou sonder sy pronk
'n vuur sonder 'n vonk
'n lamp sonder 'n vlam
'n wingerd sonder druiwe
'n hemel sonder wolke
hartseer sonder trane

vrot sonder 'n stank
stemme sonder klank
'n beeld sonder visie
musiek sonder note
'n tafel sonder pote
'n hart sonder liefde
so is ek sonder jou.

Eendag

Eendag voordat die sneeu en ryp
van die tyd
my sig, my verstand silwer verstyf
voordat my woorde opdroog,
voordat my liggaam knak en vorentoe boog
en ek wurgend vir lewe aan pype moet soog

my hand verstil
en lang jare se kil
aanslag, my gedagtes vermorsel en kelder
terwyl my brein nog helder
die regte woorde kan neerpen
en ek die woord wedloop kan wen

wil ek daardie volmaakte gedig skryf
met 'n prag-boodskap in sy lyf
'n vers wat drome sal vervang

'n woord wat soet in die lug sal hang
'n woord van hunker en van verlang
'n woord van vreugde en van lag
'n woord van durf en van krag
'n wondergedig
wat die swart hart sal verlig
en die swerwende siel
sag sal koester en nooit verniel

lees, geniet en laat my dan weet
jy sal my nie gou vergeet.

Jy is…

Jy is jy
jy is die ek in my

vlindervoet in my siel
vierkantig in my hart
wydsbeen in my gedagtes en dade
dansend in dartelende drome
koester ek jou bakhand
sirkel jy in my malende verstand
styflyf teen my bors
les jy my hartstog
en my siel se dors
jy laat my oë vonkel, my emosie hoog brand

jy is die glim in my lag
die son in my dag
die sterre en maan in my nag
jy is my arms, bene en rug
jy is my lewe se murg
in die wasem
van my asem
skryf ek ons name
dat almal kan weet ons is tesame
jy is ek, ek is jy
so sal dit altyd bly

jy is jy
jy is die ek in my.

'n

Net 'n handvol stilte
en niks meer
'n mondvol woorde
maar niemand wat luister
selfs nie eers as jy fluister
'n wang met 'n blinkstreep baan
as 'n stille traan
kronkelend sy weg gaan
'n sagte lied
wat niemand geniet
of verstaan
'n hartvol seer
en niemand om salf aan te smeer
deur die noodlot verniel
kerm 'n eensame siel
en leë woorde ontsier
die traan-nat papier
hier in die hartvat se soekende uur.

Dalk

Dalk is die hande dom
vingers miskien skeef en krom
die tree huiwerig en onvas
is swaartrek op die gesig geverf
en het die voorslag van die noodlot
die liggaam gekerf
binne dalk te vroeg oud
maar die hart is van goud
met krag van volharding en gebed
word dit gered
verdwyn dit met jare
want dieselfde bloed
spoed
deur jou are

klipgooier laat sak jou hoof
aanskou die krag van durf en geloof
gee haar jou hand
want sy gee haar hart
weg is die swart-smart
want haar lag
verander die nag
in helder dag.

Gedroom

Gedroom gister was vandag
en sonskyndag
skielik steenkoolnag
opeens helsnel het jy verskyn
en verlange het soos sluiermis verdwyn

koud was in 'n oogknip warm
want jy was polsend in my arm
my oorwinnaars gryns
was tandwys skeef en skuins
ek kon liplekker drink
aan die muskusnektar wat jy skink
ek was swewend dronk, malend gewyn
en my honger hart sonder pyn
jou lippe was sag en soet
die lewe wydsbeen goed

elke sekonde, elke minuut, elke uur
was byna te veel om te verduur
in die vlam van jou hartstogvuur
daar is 'n tyd vir swerf
'n tyd vir sterf
en my tyd was hier
in die groet van die tweebeen dier.

Santi Kruger

Sy woon en werk in Rustenburg. Dig en skryf was nog altyd haar passie. Digkuns is vir haar die mooiste vorm van literatuur waar in 'n mens jouself kan uitdruk. In 2018 het sy haar eerste boek (self) publiseer. Sy het ook 'n paar kort- en kinderverhale saam met ander skrywers in bundels publiseer. Sy het ook deur 'n ander uitgewer haar digbundel Kaleidoskoop uit gegee.

Stilte

Luister met 'n honger hart
stilte
skeur die dorings uit jou hart
ontdek die roostuin van jou siel
stilte
die stem sonder woorde
luister
want stilte het baie te sê
luister met 'n honger hart.

Spieëlbeeld

Wat kaats jy
wonder ek vandag
die beeld van ongevoelig hard
of onbewuste voorhou
reflekteer
ge-*photoshop* in maskers
van harlekyn se hoop
en narrelag
jy kaats my beeld
eksakt kwadraat
rinkel in 'n rukwind
en ver duskant sewe jaar
maak jy
nog stukkies bymekaar.

Pretend palet

Jy verf prentjies
wyn en kerslig melodieë
met jou palet vol woorde
lê jy neer
al jou begeertes
alles wat jou beheer
meesterlik
in goue skakerings
spat letters uit jou kwas
'n reënboog vol rou
versteekte emosies
myn jy letters vir jou
ekstaties gelukkig
pretend prentjies.

Wysheid in seisoene

Ek blom
bloeiselvars in lente
genadewater my seën
betaal geen rente
aan doudruppels se sagte reën
kom winter se ysigheid
bodemloos blou en grou
staan ek vas
vol wysheid
deur seisoene in elke blomblaar toegevou.

Drome van gister

Drome van gister
splinters in wind verwaai
beelde in 'n hart ver- ys
hartseer
honger-hart-kind
kom ry op my skoppelmaai
fluister jou drome
splinters van gister

saggies vir die wind.

Op jou stoep

Mag ek kom kuier
op jou stoep
ek bring vir jou
'n arm vol *daisies*
'n mandjie vol lag
hope sonskyn
liefde
en 'n oorvloed krag
want jy is kosbaar
ek wil saam met jou
sit op jou stoep
kyk hoe ons drome
oor die draad klim
en in die veld baljaar.

Onvertelde stories

Onvertelde stories
lê vol in my hart
woorde tuimel
onderstebo uit my mond
niks wat ek regtig wou sê
onvertelde stories
tuimel
tuimel
stortend
vind 'n plek om te lê
onvertelde stories
skiet saad in my siel se grond.

Marsofine Krynauw

Gebore 5 September 1961 te Koekenaap op die rand van die Namakwaland. Matrikuleer in 1979 aan Lutzville Hoërskool. Op 16 jarige ouderdom begin sy dig nadat sy haar Pappa skielik aan die dood afgestaan het. Op skool het sy reeds 'n groot liefde vir poësie gehad en haar grootste liefde was RAKA van NP van Wyk Louw. Haar inspirasie is haar liefde vir die natuur as 'n Namakwaland se blommekind en Namib woestynkind. Nadat sy in 2017 en 2018 deur ATKV vereer is met Donsie-toekennings vir haar gedigte sien haar eerste bundel Woorde wat Waai die lig. Haar tweede bundel getiteld Spore het in Maart 2022 uitgekom. Haar werk verskyn ook in verskeie gesamentlike bundels wat deur Malherbe Uitgewers uitgegee is oor die laaste vyf jaar. Eersdaags word haar 30ste roman deur Malherbe Uitgewers uitgegee.

My Beminde

O Geliefde van my
hoe kan ek nie
hoe wil ek nie
hoe sal ek nie
vir ewig in Jou liefde gedy
Jy wat my soggens
met die sagte kus van lewe wek
Jy wat my daagliks sag in Jou arms dra
as die dae soms in oneindigheid strek
Jy wat my tuin versier
met blomme prag – elke dag
Jy wat my vashou as ek struikel
Jy wat my optel as ek val
Jy wat as die daeraad groet
met latenstyd
daagliks 'n nuwe skildery vir my berei
Jy wat my sag in jou arms neem
Jou hartklop vir my wys
'n liefde ongeëwenaar
my Beminde wat nooit moeg word
my Beminde wat nooit te besig is om te luister

my Beminde wat nooit my wegstuur
sonder goeie raad
wat my troetel in Sy liefde
my vertroos in my smart
wat beskerm en bewaar
wie met Sy soete geur van liefde
my wese omvou
my Beminde wie se stem ek telkens deur die dag
hoor fluister ... jy is die vrou van My hart...
jy is My beminde
jy is vir My so kosbaar
Ek het jou gekoop
vir jou duur betaal
met My eie Seun se bloed...
Ek sal jou altyd, altyd trou bewaar
My liefde sal jou
nooit
nooit
nooit
in ewigheid faal!

Witgatboom

Op die rotswand se rant
het 'n Witgatboom sy weg
oop geveg
sy saadjie ontkiem
in 'n paar korrels sand
vasgevang in 'n skeur
in die rots se wand
deur son, wind en weer
het dit hier gedy
die elemente se
storm en drang
deurleef

teen die natuur se wet
dit self verset
bly staan as die storms
se donder en blits

blou vonk uit vuurklip slaan
gedrink van die
druppels van reën se seën
dit diep in sy wortels gaan berg
en saans as die son
die horison in koraal inkleur
sug hy tevree
want dit is alles die moeite werd
elke keer as son
vir dag afgee
aan nag

en maan sag oor
sy boom-lyfie streel
sing hy dankbaar
saam met die aandwind
ego sy liedjie teen die kranse
gee die ander moed
wie se wortels nog
diep in die rotsskeur
hul weg moet baan.

Kom haal my hart

Kom haal my hart aan die waterkant
stap nog een maal met my oor nat seesand
kyk saam met my na hoe die son in goud groet
adem die sout reuk van die see in
voel die sproei oor jou gesig
los jou spore op die strand
dat ek jou kan soek
as jy wegraak
luister saam met my
na die meeue se gekrys
kyk af in my oë
en word jou dan bewus
van die boodskap
wat daarin net vir jou is...

helaas moet nie vergeet

om die sout van my lippe te soen
want niks is mos vir ewig
dit het ons reeds geleer
ander sou ons vir ewig
hier kon wees
om elke aand die son se groet te aanskou
hand aan hand weg te stap
nie net maar in 'n droom...

Rut-oomblik

Jou eie smart
het jy gekies
om agter te los
in jou geboorte land
'n ander onbaatsugtig
by te staan...

In 'n vreemde land
het jy daagliks gegaan
om afval are
vir oorlewing op te tel
dankbaar vir elke koringaar.

Jou toekoms onseker
tog het God reeds geweet
Sy plan vir jou
is perfek...

Iemand het jou
omgee hart gesien
en skielik
was jy verbaas
deur die oorvloed
wat daar was.

Jou skoonheid is gemerk
sy liefde onbeperk
hy moes jou neem as vrou
en so voorsien jou God

in dubbelmaat vir jou.

Vrou met die hart
vir jou medemens
God sien ook
jou hart se wens
en wanneer jy
dit die minste verwag
jy nog besig is om te wik
gaan Hy jou seën
met 'n Rut-oomblik
jou arms vul
met koringare vet
en 'n rare liefde
wat geen perke het.

Wees geduldig
bly wag
op God se Rut-oomblik
net vir jou.

Glas rooi wyn

Met 'n glas rooi wyn
en die maan wat lag
het sy
in blomme getooi
vir haar geliefde gewag
die sterre het later ook kom groet
maar in die witlig van die maan
het haar moed
soos 'n verskietende ster getaan
oor die heuwels en berg
het sy getuur
uur na uur
tog was daar
geen teken van haar geliefde hier
die maan het gegroet
die blomme verwelk
die bottel het sy geledig

die wrang geur bitter
soos gal op haar lippe
in haar liefde verlaat...

Liggies in haar siel

Aan die einde van 'n dag
moeg van die mense
se beheptheid met homself
heeltemal versadig
waar sy net nie meer
een enkele druppel
daarvan kan sluk –
het sy haar skoene
oor haar skouer gegooi
dat hul haar nie
ook nog kan druk
die lugspieëling
agtergelaat van wat hul
dink sy is...
vorentoe gekyk
maar gou weer af
want sy wou nie die
karmosyn vlamme
se mooi
op die horison sien speel
sy wou nie die weerkaatsing daarvan
in die lugspieëling voor haar
op die pad sien
sy wil eers opkyk
as die donker
genadiglik alles oordek
geen mooi meer sigbaar
alle gevoel binne haar
vermoor, dood, vrek
soos 'n dier
van droogte
daar in die ou Namakwaland
as die reën vir seisoene
vergeet om oor die

bossieveld uit te sak
die Boesmanland se vlaktes
geen grashalm meer oor het
die beendere van diere
die enigste teken bly
van lewe wat daar eens was...
miskien sal sy
wanneer die son oor die rante
groet
haar bevind op 'n nuwe plek
met nuwe moed
moed om die ongevoelige massa
wat agter haar is
net daar te los in die verlede
moed om nie haar geluk te bou
op die feilbaarheid en selfsug
van mense
wat hul haar eie noem...
geen groet
geen omgee
geen blydskap
geen liefde
oor dinge wat haar raak
net altyd
ek, ek, ek en weer ek
net sy wat leë hande
wegloop
weg in die ver verskiet
aan elke dag se einde
tog diep binne is die wete
dat daar Een is wat
alles gegee het
om haar liefde te wen
soos sy aanstap
al het die wêreld haar versaak
die teer nog warm onder haar kaal voete voel
weet sy die liggie in haar siel
behoort alleen aan Hom.

Haar winterdans

In vlamrooi
wil sy vanaand dans
met die yswind wat
vriesend om haar huis se hoeke woed
sy wil die ysvingers
losmaak van haar lyf
hul laat afval op die grond
waar sy ligvoet
hul kan vertrap
sy wil die *cha-cha*
die *salsa*
selfs die Namakwaland se riel dans
die koue uit haar wese trap
en draai
en draf
tot die huilstem om die hoeke
vir haar soos 'n wiegelied raak
die koue en gekerm van die yswind
haar nie meer kan traak
want iewers binne haar
brand die vuur
van dankbaarheid
maak die passies
van haar winterdans
haar hart warm
weet sy as sy na haar
wilde warm dans
tot ruste kom
dankbaarheid sy
snoesige donskombers
oor haar sag sal drapeer
haar Vader haar styf in Sy arms
sal sus
met Sy wiegelied wind
sy veilig en warm sal rus
en vir vanaand
het sy die winter gefnuik
met haar voete

wat die ritme vind
wat van binne warm maak...

Oktober Pantoen

In Oktober
die mooiste-mooiste maand
waar lente trou met somer
die vreugde van my hart

die mooiste-mooiste maand
die bruilof van seisoene
die vreugde van my hart
so sag die skoonheid van die lelie en die roos

die bruilof van seisoene
waar lente trou met somer
so sag die skoonheid van die lelie en die roos
in Oktober...

Volmaakte uur

Deur doringboom
en oor grasvlaktes
het die wind daglank gewoed
die sigbaarheid verban
met stof wat oral
oor die vlaktes
in die lug hang
grys en mistroostig -
in die grondpad het hy aangestap
gevoel of die grysheid hom vasdruk
die hitte was steeds daar
al kon hy die son nie sien
maar soos die dag se uurglas leegloop
het die wind ook stil geraak
die koelte oor die vlaktes
kom uitspan
by die einde van die daeraad
hy het sy dag se taak voltooi

stadig omgedraai
verstom gestaan oor die mooi
die stofbesoedelde grysheid
was nou
'n skouspel van indigo en koraal
en in die middel van dit
het son se goue bal gehang
geraam deur die silhoeëtte
van stam en tak van doringboom
byna silwer het die tweespoorpad
idillies deur die gras
sy weg gevind
wat jou nader aan hierdie skouspel van kleur
sal bring
in verwondering het hy
gestaar,
sy hoof flus laat sak
in dankbaarheid
vir hierdie volmaakte laaste uur
van nog 'n dag deur God gestuur.

Dooievlei

Tussen die duine van Sossus
lê daar die Dooievlei
vol geraamtes van bome
getuies van die lewe wat eens was
uitgeteer deur die sittende son
net dooie hout
teen die goud
van die riffelduin
tog nog die plek
waar die maan vlietend verpoos
hom verbaas
oor die gesig so broos
oor 'n rivier gestuit
deur berge van sand
eens 'n oase deur die Tsauchab Rivier
gevoed, met doring boom in lower groen
jaloers het die sand sy weg gestuit

na die groot blou oseaan
maar soms
net soms as die Skepper
die sluise van die hemel
vol oop trek
breek die Tsauchab
weer deur die duinesee
van sand
word die bleekwit pan 'n meer
vol doringboom geraamtes
van die verleë
hou die duine besitlik
die wag oor hierdie
vlei, al is dit dood
drink hul dorstig
van die water
as die Tsauchab dit voed
vir ewig gevange
hier tussen hul rooisand.

Cecilia Laing

Gebore 2 Desember 1969 in die Goudstad. Reeds op skool het die digkuns haar aangegryp. Sy het aanklank gevind by digters soos die Louw broers, Malherbe, Marais en vele ander. In leekheid poog sy om die trauma, seer en mooi van die lewe in haar werk weer te gee. Haar droom is om die nuanses van mens-wees in 'n sort tydloosheid vas te lê.

Karoo-genade

Met jou vilthoed en jas teen die skemerlig
die letsels aan jou siel
wat langsaam draal soos rook in die winterlug
het jy alleen gaan kniel

die gees van die digter het skeiding gebring
tussen ink en papier
lê die vrees vir more, die stil versugting,
redes vir nou en hier

soms net haar woorde: "Ek het jou innig lief"
en die Karoo word stil
as die hemel onvoorwaardelik bieg
alles is genade.

Introvert

Trap suutjies oor my hart
van kleintyd af het dit gekneus
die seerplekke sukkel om te genees.

Vra nie na die stilwees nie
in verwondering staan ek stom
onbeholpe woorde knoop soms my tong.

Vlerke van was

Ek groet jou plek van beloftes
deur jou are dreun daar enjins
in die grendels van tyd
lê drome opgesluit
as die dag verskemer; die son verdwyn
sal jy mense tussen neon-sterre kry

maar die stories teen jou mure
vertel van vervalle glorie
delwers dra hul vragte
deur jou rommelskagte
in 'n bedelloon is daar ontvlugting
en in die mensehart 'n hunkering

om soos Icarus die son te soek
maar jou gloed is nét 'n klug.

Gebed

Krulkopkind, ek bid vir jou
vir wysheid in teëspoed
'n kompas om koers te hou
'n hawe waar jy kan rus

mag jy ware vriendskap vind
onvoorwaardelik liefhê
op God vertrou soos 'n kind
aan ander mildelik gee

ek vra dat Hy jou sal seën
sy lig oor jou sal skyn
dat jy op Hom sal steun
dankbaar sal wees vir wat Hy gee
dat jy nooit sal vergeet
ek het jou oneindig lief.

Heimwee

Wens dat ek tussen mopanies kan stap
onder 'n appelblaar se skadu rus
my voete in die Krokodil afspoel
kyk hoe die son agter die koppies sak

my verlustig aan die geur van sitrus
die geluide van die Bosveld-nag
die dans van die vlamme in die vuur
die sterreprag en die glans van Venus

ek wil die spore van 'n steenbok volg
vertel van die rooibok-ooi en haar lam
die waggelgang van 'n kliplikkewaan
en van die vlakvarksog en haar gevolg

ek lief die gesuis van jou sonbesies
die kras skree van die tarentaal
om die kwêvoëls te koggel
die kleure van die impalalelie

ek verlang na jou
my lappie Afrika.

Mossie Mostert

Is 'n boorling van die Vrystaat wat nou in die hoëveld woon op 'n klein dorpie. Hy is verloof aan Denise. Hy is pa van een seun wat in die mooiste Kaap woon. Gedigte skryf kom natuurlik vir hom. Hy skryf amper uitsluitlik wanneer iets hom persoonlik raak.

Als verander

Pretoria se strate is leeg vanaand
Lynnwood is sonder sy kreupel man
ou bekende plekke lyk vreemd vir my
wat netnou nog was is nou verby

ek delf in gister waar ek soek na jou
ek is bang vir dit wat môre mag hou
alles verander selfs 'n straat se naam
die lewe is snel in die regter baan

die strate is stil en die stad is leeg
Menlyn se gange net 'n eensaam steeg
dit is stil vanaand hier aan die oostekant
ek sou 'n môre vir net een gister wou verpand

gesiglose skare drom om my heen
tussen duisende mense voel die hart alleen
als het verander selfs die plek se naam
die lewe is snel hier in die regterbaan.

Eendag

En eendag as jy weggaan
na waar ons almal eendag gaan
as jou woorde hier dan stil word
en ek moet voorgee ek verstaan

as jy net rondloop in my drome
en my hand jou nie kan hou
laat dan heer my nooit alleen nie
help my deur my pyn en rou

wanneer môre net 'n droom bly
want gister is lank reeds verby
dan kom daar dalk aanvaarding
vir hierdie bitter hart van my

en eendag as dit my tyd is
om van hier af weg te gaan
laat my naam dan reg langs joune
in die boek van die lewe staan.

Ek wou nog

Ek wou jou nog net een keer kus
en vas druk teen my bors
nog een keer van jou vrouwees teug
vir hierdie bitterlike dors

maar tyd en plek is uit ons hand
en die dae sleep traag verby
jou spore loop eenrigting
sonder omdraai sonder my

ek wou nog een keer by jou lê
totdat jy rustig slaap
maar wou en wil en wens en wat
dit lê nou verder as die kaap

ek wou nog sê ek's lief vir jou
en die pas van tyd makeer
maar jy weet dit lankal reeds
ek wou nog net een keer...

Jy

Jy't gesê jy sal my liefhê
tot aan die einde van tyd
maar in tydloosheid van dae
loop ons lewens vinnig uit

ek't jou naam geskryf in die hemel
en dit verduister met die maan
jy's 'n motverweerde foto
jy's 'n gesig in 'n raam

laasnag het ek gedroom van jou
en jou weer in my arms vasgehou
maar met eerste lig het ek jou gesig
aan die maan gehang vir my groot verlang

want jy's die magie van die sekelmaan
jy is die stil wat tussen woorde staan
en net soos die oseaan se ebgety
trek jou deinings jou soms weg van my.

Vrede

As jy wat hier lees my vind
dalk stilweg vreemde vrede vind
dan sou jy dalk ook kan verstaan
dat die hart altyd deur fases gaan

en iewers op die hart se spoor
is tekens van wen en tekens van verloor
maar as jy versigtig in my woorde delf
vind jy net dalk stukkies van jouself

en as jy dit soek as jy dit vind
die vrede wat die haat verblind
hou dit dan vas en bid vir my
om vergifnis in myself te kry

die hart is altyd maar net een
ons spore net aan ons geleen
en as ons dan na die vrede jaag
het ons net dalk die toets geslaag.

Vyf miljoen karaat

Drome lê nou ses voet diep
verskans teen woestynwind
en misvlae van die Atlanties
spookdorp van die spergebied

droewig dwalend denkend
lê my spore hier verpand
prag en praal en rykdom
word geraamtes in die sand

en die afskilfer en verwering
van die papiere teen die muur
lees soos 'n onder eedsverklaring
oor hierdie plek se voorspoed-uur

vyf miljoen karaat
sê die mense wat dit weet
hoe bepaal 'n mens jou waarde
jy lê nou eensaam en vergeet

as die mure hier kon praat
sou die mens dan ore hê
sou ons luister wat die wind
van jou vervloë drome sê

en kolmanskop se klippies
is nou net stories in 'n boek
die mooi ook van verwering
lê in hoe ons daarna soek.

Berend Mouton

Gebore op Loeriesfontein. Hier het hy ook sy laerskool loopbaan voltooi en is daarna Calvinia toe om sy hoërskool loopbaan te voltooi. Reeds in die laerskool, het Meneer Jannie Beukes opgetel dat hy ink in sy are het, toe hul 'n opstel moes skryf oor 'n nare droom. Hy was baie beïndruk met sy opstel. Hy het al van kleins af begin skryf, dit was net 'n droom om sy eie boek te skryf, wat nie gerealiseer het nie. In sy later jare het sosio-ekonomiese onreg net oor volg geraak in sy gedagtes. Dit het as sneller gedien om dit te verwoord. Dit moes net eenvoudig 'n ontsnap roete vind. Of dit nou mondelings of deur sy pen was. Hy het toe op die pen besluit en twee bundels is gebore naamlik *Borrelende woorde* in 2015 en *Afrikaansvatter* in 2017. Sy nuutste bundel, getiteld *Jakkalsdou* het in April 2024 die lig gesien.

Al die planete

word beloof
net om later
hare te kloof

omdat nie een woord
realiseer
al het hul hand
op die Bybel gesweer

en beeld gepoets
in die blinkste koets.

In die bruisende skuim

was daar nie tyd
om te wonder
wie het sy plig versuim

want die skuim was
in die binneruim
en daar was nie 'n kans

om deur die trane
te ontruim

so ek waai met my hand
tot weersiens aan die anderkant.

Op 'n houtbankie

het ek gesit
en gekyk
hoe pikkewyne op die rotse wit

en my gedagtes
het oor die oseaan gegaan
en my oë het onwillekeurig
begin traan.

My houthuisie

in die bos
is my toevlug
as my lewe in die stad versmoor
onder die dampe in die lug

en die stemme
my gees ontwrig
as ek stilte soek
om te vrug.

In 'n donker huisie

sit 'n kind
bedroef
beproef
sonder om 'n kers
te vind

en en daar's nie
'n stem
om die donker

te tem.

Die gras

waarin beeste wei
het spierwit
gedy

soos reën hom
verskans
en droogte begin
opdans

soos die soutbos
blare begin los.

Donderdag

sal dit weer
donker wees
vir ons kinders
om te te leer lees

om die bose kringloop
te breek
en te bly smeek.

Naggeluide

kom lê sag
op my oor
want dit is
wat ek wil hoor

die krakende bosse
en die swaaiende trosse

tussen die draaijakkals
se geskril
en die leeumannetjie

se gebrul.

Die geraamte

van 'n wrak
het ongesiens
in my siel kom plak

wyl skuim
deurspoel
het my hart
dit begin voel

die verlatenheid
oor tyd.

Die Boland

se berge
het begin pers
in die holte
van my vers

en al mooier
en mooier geword
tot dag toe meteens
ineenstort

en donkerte oorvleuel
in nag
ingeheel.

Karina Nel

Haar passie vir kreatiewe skryfwerk is in moederskoot gevorm. Drie jaar gelede het sy meer tyd aan digkuns begin spandeer.
Met aanmoediging van haar lewensmaat en vriende het sy gedigte begin plaas op sosiale media. Om gedigte te skep is vervullend, om mense te bereik deur kreatiewe skryfwerk, asook ons taal te beskerm en voed. Deesdae skryf sy voltyds. Haar fokus is op biografiese gedigte.

Ou Man van die See
Afrodite

Onthou jy nog rukwinde ... die sewe see?
Jou onskuld onbevlek
versigtig roekeloos noodlot se eer getart in
noodgeskree
jou selfsug begrawe in aardkors bandeloos;
in
fynste kleed fragiel geboorte getroos, moederlik teen jou bors
blootgestaan deur die son verraai
tweegesig bewegingloos
die soutlose see in donderbui lamgeslaan.

Geboorte vasgeknoop teen jou - kruipknieë,
in eksug jou spel gespeel meedoënloos verlokkend jou vlamoë
onaangeklee,
gekoggel
uitgejou deur oerlag
gewetenloos in meineed
geweet
verbode vrugte skaamteloos
smaak soet ... soebattend tougestaan.
Die ou man van die see se hart troosteloos
die soutlose see in donderbui lamgeslaan.

Mirre en wierook teen jou voete neergelê
in hartseer vervleg geboorte begrawe getroos;
onder vleuels van 'n duif teruggegee
aan die see
in vlug gejaag kettingloos.

Matrose sê jou roep klink amper broos,
tydens somberfees
toegestaan.

Die ou man van die see se hart is troosteloos,
die soutlose see in donderbui lamgeslaan...

Rouband
('n Requiem aan Jeff)

Jou groet was sonder woorde gehoor
beeldgesend reguit krom lyne gebêrekoop
sigsag deur my hart, in beweginglose
eindelose repertoire.

Angel (kat) het geween waar jy in herfswind
teen boomstingeltjies liefde gesaai het
ontelbaar soos die sand van die see, jou
reëndanslag - jou hart weg.

Jou geboortedag basuin in rou sement
ek het roosblare gestrooi daarop
jou boompie en ek in pleitsug in gebed gevra
'n splinternuut rouband vir hom - vir my.

Hekspore skree ook in erbarming jou glimlag
gesoek tussen donker lig, gevra is dit nou al wat
oorbly, ons klaagmuur gesus, ons troosgesang?

Mr Kensington praat soms oor jou
hou wag by die indraaipad
versorg jou boompie in misreën herfswind
delikaat – sy rouband nou oud.

Roosblare van jou boompie ontvang om op
Melkbos in hongerhuil vrylating, jou as saam met
dit te strooi, in loflied verlang...

Trooskombers

Die duiwel se pyp het
geval
vriesreëntrane
verys
slampampervuur se hongertong geblus.

Jare terug was ek jou nuwe kosbaar
gegee aan bergies in vriesreën verniet.
Saam met hulle die vuur getart
sissend sy tong geblus in ysgreep sag bedek.

Ek sien jou oë is moeg gedra
jou skerwedrome moeg gekleef - smelt soos was
jare se hardepad saamgedra – gesmeek verraai
jou lag
ek weer jou nuwe kosbaar vir nou.

Jy mag my maar vashou, sal jou toevou in
spierwit geklee
beskerm teen donkerbang sal ek jou troos
ons geheime in vriesnag bewaar.

Ek, jou nuwe kosbaar trooskombers
die duiwel - se pyp het geval.

Vasgeknoop

Luister na die suidooswind my lam, hoor
hoe slenter hy,
sigsag aan hom my groet vasgeknoop.

Waar die ou lukwartboom loer deur die hek
af in sestiende laan

sal suidooswind bietjie - by jou voete rus
moenie sabander skree nie, hy bring maar net my groet.

Moenie jou hartskerwe kleef aan bottelberou nie
al lê jou trane vlak diep, gekneg - gedemp gewyd.

Al hoor jy wanhoop sluip kronkelloop sal ek jou ewig
'n baken wees al vervaag my spore tot niks.

Ek sal saggies klop stomverlang sus, geelsoet lukwart vrug
as troos aan jou gee.

Sal jy my onthou, my groet toevou vashou teen jou hart?

Luister na die suidooswind my lam …

Kleurblind

Pa hierdie gedig is oorgetrek met seer middernagblou
in wigskrif verlang.

Pa ek wil my hart uitstort in lettergreepversameling
sodat rou beroemd berug in winterslaap verval
verlange kleurblind van sonnige mure gestroop word
DNA spore oopvlek en anemiese bloedbande doodsbleek
in strofes,
as skuldige sondaars val.

Wil Pa se sonskynlag waar legkaart stukkies vrae soms
kort
vasplak teen my hart sodat ons oë kleurblind weer trane
kan lag.

Pa ek wil dood se seer in eufemisme verdoesel
lagtrane in vreugde laat stroom
vlerkloos voor ons voete neerlê.

Pa hierdie gedig is oorgetrek met; seer middernagblou.

Vlerke

Deur die gekraakte spieël vertel jou oë van
vergetende drome losgebind
saggies soos vere teen jou kleisaghart gewaai
fyn flenters geknip.
Stywe rug het die lewe op jou gedraai vertroebel
in Judaskus jou in vuurstorm gewerp
sy tweegesig in misgreep seerkrygeskrif in
spieëlbeeld op jou hart geplak – toegesluit op
jou soeke na God.

Verlossing het jy eerbiedig in nakende gebed
bepleit
vreesbangvlerke gesus waar verlange nie deur
rots kon knip.

Kom
sit hier saam met my op die hemelvloer waar
God regeer oor kosmosgety, wind se
genadegebed saam met vreesbangvlerke
saggies in leliewit gaan rus
jou kleisaghart - in opus gesus.

Blindevlek

Verpand argaïes sedeloos sloer jy voor
hierdie huis,
langs gedagtekronkels roékeloos in
jammerlied; jou purperkleed gestroop
volmaak verrinneweer.

Jy onthou die laaste klip gegooi ongelees
jou stukkende liggaam broosbang
neergelê die nág vet in die buik van toebid
alweebitter – promiskuïteit.

Jou verbloemde verbrokkelde verplukte
drome verdeel, in hopies ewebeeld
begrawe.

Semper sal hierdie klippe in niksheid kreet
jou lewelose oë onthou.
Draai terug soos Ragab
hierdie huis nou net 'n
blindevlek
hier kleef terugverlang aan selfverwyt.

Gaan rus jou siel
ek sal sonneblom saadjies laataand plant
jou blou-blou seer naberou
saggies toevou troos
in seëngebed.

Magda Nel

Gebore te Springs in 1976. Sy gematrikuleer in 1994 aan Hoërskool Ladysmith. Sy het 'n kort loopbaan in die Gasvryheidsbedryf gevolg, waarna sy vir 'n paar jaar in die Onderwys beland het as Graad R onderwyseres. Sy het op skool reeds 'n liefde vir skryf ontwikkel in die Afrikaanse klas. Vyf van haar gedigte verskyn in Die Nuwe Era Groot Verseboek 2023.

Te laat

Is ek 30 jaar te laat
om jou lief te hê
ek wil nie sonder jou nie
oor jou wil ek nie net droom nie
wil langs jou wakker word
ek wil saam jou op paaie loop
ek wil niemand behalwe jou liefhê nie

al die vermorste dae al die leë nagte
ek blameer dit alles op jonk wees
ek het geen spyt want dit het my hier gekry
tyd wil ek nie meer mors nie
ek het gedink aan wat ek wil hê
dit begin en eindig dieselfde
daar sou net een ding wees
'n lewe saam met jou

ek wil nie sonder jou nie
oor jou wil ek nie net droom nie
wil langs jou wakker word
ek wil nie op ander paaie gaan nie
ek wil niemand behalwe jou liefhê nie.

Vreemde paaie

Die lewe is 'n vreemde pad
onbeplan deur jou en my
elkeen het sy eie keuses
soms kyk mens terug
na verdwaalde weë
staan hy weer tussen ons

van horison tot horison
strek my liefde vir jou
sal ek jou ooit kan vashou
is ons liefde dalk te laat

hier by die kruispad
nie links of regs nie
sien ek tog lig
jy kyk weer terug
totaal verward
ek draai links
want
hy staan steeds tussen ons
jy omsirkel my wese
tog
bly my hart klop vir twee.

Middeljare

'n Seisoen van lewe
uit tyd van nadenke
oomblikke om te floreer
as jeugvure gloeiend in denke
getemper word deur die vlees
gebalanseer met geduld en 'n wyser weet

elke dag gekoester uit laaie van onthou
lyne op jou gesig
dramatiseer onvertelde stories
van lag en trane
gevul met innerlike vrede

grys in jou hare
'n lewenskroon
'n simbool van wysheid

middeljare 'n tyd om te omhels
die beste van twee wêrelde
saam energie van die jeug
word ouderdom se wysheid
'n kragtige lewensbalans.

Herinneringe

Pennies en ponde
herinneringe en wyn
sy's weer in sy gedagtes
dieselfde ou storie
dieselfde ou dwaas
ou liefde in sy hart
wat hy nie kan vergeet nie
het probeer
maar dit dien geen nut nie
sy geheue is 'n waas
het haar sien stap
hy sit elke aand en wag

sy was sy meisie
die enigste
duisend sente duisend keer
maak hy die *jukebox* vol
en speel dieselfde ou liedjie
hy maak sy glas vol van onthou
dit is 'n dwase herinnering
al wag hy elke dag geduldig.

Vervaag tot skaduwees

In herinneringe sien ek jou
'n vlugtige blik op 'n liefde wat was
die eggo's van vreugde
die fluistering van ons saamwees

denke aan beloftes in die niet

soos herfsblare in die wind
is ons liefde verlore
jou warm aanraking
vervaag tot skaduwees
'n somber totsiens

ek dwaal deur dae
gevul met weemoed
verlang na gister wat geblom het
gedagtes aan jou bittersoet

al is jy weg en ek alleen
loop jy in my hart
ons tyd sal ek koester
want dit sal lei na paaie van hoop.

Rigtingwysers

Woorde van jou het my betoor
en gesê wat ek wil hoor
ritmies aan elke sin se einde
naak met elke nuwe sin se begin
en vingerpunte se sagte aanraak
ragfyn het my lyf ontwaak

met jou sagvat
was dit skaakmat
in die skaduwees van gister
het ons lywe saam geglinster
saam gebind in 'n wens
met passie ons harte begrens

Weet net jy's my hartstaal
ek hoop jy verstaan dis vir jou
ridderlike aanraking oor my vel
nektar kom lê knus op my bors
en jou lippe skryf hul boodskap
rigtingwysers na my hart.

Ontwaak

Die plaas ontwaak met eerste lig
met haan se kraai 'n wekroep om op te staan
beloftes van vars volroom melk
kyk velde strek vêr in groen tint

met haan se kraai 'n wekroep om op te staan
die skuur kraak oop 'n geroeste sug van 'n trekker
kyk die velde strek vêr in groen tint
die plaas se ritme 'n simfonie van vrede

die skuur kraak oop 'n geroeste sug van 'n trekker
beloftes van vars volroom melk
die plaas se ritme 'n simfonie van vrede
die plaas ontwaak met eerste lig.

Afrika

Afrika land van goue lig
waar savanna strek berge verrys
duine tot vlakte se skoonheid skyn
'n kontinent van wonder waar
kulture Shaka en Retief is

haar tromme klop sterk
haar skoot ritmies wiegend
van kaap tot kaïro speel haar gees
'n kaleidoskoop van lewe
waar mens' stories begin

haar wild loop majestueus vry
leeus olifante onder 'n sterrehemel
riviere vloei 'n lewensaar vir mens en dier
Nyl Kongo Zambezi hand aan hand

Afrika land van veerkragtigheid
waar antieke tradisies moderne lig kus
harte 'n warm verwelkomende ruimte
'n kontinent van hoop waar

liefde vreugde diamant.

Sterfbed

Met haar fleur hand in syne
het sy langs die bed vertoef
wyl trane waterval oor plooirotse
fluister hy "dis tyd om te gaan"

na die heelal sal hy vertrek
'n tuiste vêr hiervandaan
daar's 'n herehuis sy woning
in vredestrate sal hy wandel

sy oë sal nooit met druppels vul
sy bene sal nooit verdrink in pyn
sy vat sal nooit verouder
sy omgeeklop sal nooit weer splinter

langs vader's doodsbed staan sy geboë
riviere uit haar oë klad
die smart van haar gebroke hart
sy verdorde hande in hare vir'
laaste groet.

Alter ego

Verslae verslete
die hart eens vol
waar hartseer verlore liefde baar
in gebreekte pyn van glasskerf
die alter ego van wat was

herinneringe drup trane in die reën
verlange wat stiltes versteur
seer lê in fragmente op die vloer
oor memento's van bittersoet refrein

maar...
in die donker is daar 'n vonk

glans van hoop
want in diepe droefheid
kan nuwe liefde blom
'n liefdesverhaal wat alles gom.

Paula Paxton

Gebore 18 Maart 1974 in Krugersdorp.
Sy word egter groot in die myndorpie Randfontein en voltooi haar skoolloopbaan in Jan Viljoen Tegnies. Sy ontdek haar belangstelling vir die taal in haar hoërskooldae waar sy haarself inleef in die skryf van Afrikaanse opstelle. Sy begin egter eers in haar matriekjaar belangstelling toon in die skryf van gedigte. Aangesien sy 'n introvert is, leer sy om haar emosies en frustrasies eerder op papier met ink uit te druk as om direk met mense te praat.

My nalatenskap

Toe my bedkassie se laai uit sy geep gly
'wyl geliefdes my besittings soteer
fladder velletjies papier na die aarde neer
met my stem se druppels van hartseer en seer

val my hart se woorde voor hul oop
lê my siel bloots in ink uitgetap
my menswees, elke spoor getrap
op stukkies papirus saamgevat.

Sien geliefdes se oë my ware gees
vind hul vir seker hoe opreg ek kon voel
hoe ek elke woord gespreek sou bedoel
hoe kalmte oor hul siele kan spoel.

Rykdom laat ek nie na
net letters op papier
wat wysheid in woorde versier
van 'n lewe van hartseer maar ook pure plesier.

Die lewe se weë

Hoor jy die stem van die roepende see?
Alles sleep hy saam met hom mee.
Hoor jy hoe die massa water bots?

Teen die grense van die magtige rots.
Saggies bekruip die waters die wye strand
klots dan neer op die bruinwit sand
waar golwe klou om op droë grond te bly
tot besef kom hul word steeds mislei.

Dan gryp die blou waters die golwe weer terug
ruk hulle saam oor die sandbank brug
om weereens as 'n massa saam te bring
weer als te herhaal in 'n bose kring.

So draai die lewe met die mensesiel
so swaai hy jou rond en los jou verniel
om te dink jy het nou die stryd oorwin.
om te dink alles maak nou weer sin.

Tot die volgende greep jou nader trek
voort te gaan met sy bose werk
om jou rond te slinger en uit te spoeg
sodat jy weer van vooraf moet begin swoeg.

Maar vêr in nag van donker en duister
hoor jy tog 'n helder stem wat fluister
"My kind hou jou oë gefokus op My
jy hoef nie die lewe alleen aan te stry."

Volmaakte wonderwerk

Mensgevormde saad se ontmoeting intiem
in moederskoot val en 'n lewe ontkiem.
Vlees en weefsel wat onlosmaakbaar verbind
'n nuwe siel, 'n onskuldige kind.

Hartjie wat klop onder sy moeder se waak
bewegings wat plek-plek aan baarmoeder raak
wonderwerk gevorm uit ons Skepper, EK IS!
Geskenk uit die hemele is jy beslis.

Geleen vir jou moeder om haar vrouwees te volbring
om Genesis se opdrag voluit te besing.

'Wees vrugbaar en vermeerder, vul My aarde.'
Gemaak is jy uit God se genade.

My land

My oë gly oor nog 'n berig
my menswees sak weg in diepe sug
bloedbevlekte hande net waar ek kan sien.
hoeveel haat en nyd moet onskuldiges nog verdien?

Almal wys vingers oor goed lank geleë
geen vergifnis is 'n vooruitsig op verwoeste weë.
My siel verdrink oor die toestand van ons land
het hebsug en nyd geen eindekant?

Wanneer sal die mensdom ooit besef
velkleur en verlede gaan jou nie verhef
want ons bloed en pyn kom in dieselfde fles
Wat my aanraak kan jou ook kwes.

Stuur genade en begrip vir 'n nasie verlore.
Waardige lewens is tog vir ons almal beskore.

Skoongewas

Deurskynend drup die reën teen my ruit so vuil
was dit al die stof weg wat ongesiens wou skuil.
Swaargelaaide wolke vou saggies om my toe
'wyl ek die druppels water op my lippe kan proe.

Die reuk van skoon breek 'n pad deur die roet
met 'n koue briesie om vrolik te kom groet
waar donderweer sy aankondiging in my ore kom verklaar
en blitse helder wit my in my spoor laat verstar.

My hart vul met vreugde met elke waterplons
terwyl die storm onverstoord om my wese gons.
Met elke donker wolk kom reën om skoon te maak
daar waar die lewe jou hart se klop wou kraak.

🎵♪ **Musiek** 🎵♪

Kosbaar is woorde uit lirieke wat ek sing
vertel in musiek wat my siel vir jou wil bring
jy moet aandagtig luister na dit wat ek aldag speel
hoor ook tussen lyne, in elke vers en reël.

Volg dit wat uit stemme vloei met note as die spoor
leer my hart ken, en wat my siel deurboor.
Wat sinne nie kan sê nie voltooi lirieke vir my
waar dit vasgevang lê in nostalgie, en vir altyd sal bly.

As jy luister met jou hart sal jy my nou verstaan
want elke genre wat ek speel, weg vir my 'n baan.
Musiek is my verslawing, dis woorde wat my heel.
Leen jou oor aan my om my lirieke met jou te deel.

Trudie Pearson

Gebore op 14 Maart 1966 in Nelspruit. As dromer met 'n gypsy-siel, matrikuleer sy aan Hoërskool Ben Vorster (Tzaneen) in 1983. In die tydperk 2003 tot 2011 is van haar gedigte na die plaaslike radiostasie "Radio Laeveld" gestuur en gelees. Die plaaslike koerant "Die Laevelder" het ook 'n tyd lank gedigte gepubliseer. Van haar gedigte verskyn ook in "Poetry Association of South Africa" se digbundels. Van haar gedigte is ook deur die Genootskap vir Handhawing van Afrikaans in 2021 in "Stemme uit die Suiderland XVI" opgeneem.

Leë woorde versplinter

My traandruppels
hardloop bloedmerke
oor wange bleek
glip verby ken
vries 'n oomblik in herinneringe
val dan om te versplinter
in duisend stukke
ego teen holklank
van leë woorde
terwyl hart gekneus
stadig
klop
klop
klop
verdwyn in stilte.

Droogte

Stof
blaas soos 'n sluier
oor kaalheid van droogte
waar tolbos
tango teen die wind
soetgeur van genade
in stilhartkamers se laaie

voor God se altaar kniel.
My seun vol letters

Jy is vol letters
wat jy vir niemand stuur
palet van jou binneste
geverf
oor jou buitenste
slagveld van seerkry
siel wat skeur
klein stukkies vreugde
soos brosende lente
vlam jou pad oop
as jou gees
stil
swart inkspore bloei.

As woorde smoor

In hierdie sel
van emosionele manipulasie
word siel geteister en verniel
breek dade my in stukke
as druppels van nie-verstaan
my emalje beker vul
om net weer
oor te stort
op koue klipharde vloer
woorde word gesmoor
as sleutel van seer
knars in slot.

Asem van suur kersies

Drank
is 'n onblusbare vuur
wat vernietig
als tot as verbrand
asem soos suur kersies
wat my walglik versmoor

in 'n sekond van tyd
as ek afdaal in slyk
van koue wintersnagte
in my alleen-woud
jou woorde maak vuis
spiraal bloedrooi
oor gekneusde emosies
soos opdrifsels wat smoor.

Moeg se afgrond

Met my hande
wat bakkiepleit
wanneer
hart se probeer
moeg raak
oor afgronde
dieper
as die doderyk
smeek ek
met uitgespoelde woorde
tussen grendelgange
van wat was en wat is.

Vetkersreuk verlang

As kantgordyn van pikswart nag
deur rokerige vetkersreuk
boggelrug sterre dra
en
slakkespoor kerswas
blaker skend
vind ek jou skadu
in kettings van gemis.

Dale Penderis

Sy het haar liefde vir kortverhale en gedigte tydens inperking ontdek. Vandaar het sy aan verskeie Skryf- en Gedigtekompetisies deelgeneem. Sy word in Mei 2023 aangewys deur Malherbe Digtershuis as Digter van die Maand. Sy verdien ook verskeie titels as Digter van die maand by ander diggroepe. Haar eerste gepubliseerde gedig verskyn in Digvorme Volume 1 uitgereik deur Waarheid Media. Sy spog ook met sewe van haar gedigte in Die Nuwe Era Groot Verseboek 2023 gepubliseer deur Malherbe Uitgewers. Sy ontvang ook 10de plek vir haar deelname aan 'n landswye kompetisie in die gedigte afdeling, asook vierde plek in die skryf van kortverhale. Sy het gou besef dat die skryf van gedigte innerlike genesing meebring ... nie net vir haarself nie, maar vir andere wat haar verse lees.

Oestyd in die Boland

Klossies vol bitterbessiebossies groei welig in my kop
dis laagwater in my gemoed
'n verouderingskoek geurig ryk
kunstig versier met kersies sonder wense
die vlammetjies reeds uitgewoed

turend sonder trane
al tobbend die onthou
gieters vol vergaande vreugdes
gevlegte magrietjies en verdroogde vergeet-my-nietjies
en kanne vol heimwee sonder berou

dis oestyd in die Boland
waar die weiding welig groei
pluk versigtig al die kaf
om nie die koring uit te roei

o, hiér is die bloeisels wat in Sy liefde week
talmend in stilte en vertroue gekweek
kleurvol die saailand van my toekoms in sig
toe die vyand en sy trawante uit my blombedding vlug.

My erf'nisgebed

Turend oor die dek van die Helderberg se kaai
met een voet wat liggies in die koel water baai
oordink ek ons lot
en ek dink oor wat God
vir ons in die hemel berei

strate van goud
is ons behoud
vir dié wat Sy liefde leef onder mekaar
wat óók Sy Woord in volle reg bewaar
is 'n fraksie van wat ons gaan kry

kommer en sug
sal tesame wegvlug
die wildernis en woestyn sal blom in vol glorie
vir dié wat bestem is vir deel van Sy storie
vir dié wat Sy Naam bely

daarom, Abba Vader, kom lê ek alle mense
oor die wêreld heen, lande en grense
by Jesus se voete nou neer
vergeef ons ons sondes en laat ons bekeer
om deel van U erf'nis te kry

as iets jou dus pla
en jy dikwels daaroor kla
hou op! Neem dit na Hom
Hy wag nóú vir jou dat jy na Hom kom
en jy sal verlossing daar kry.

Die boom

Uitgedroogde verinneweerde lewelose tak
halflyf ontwortel, die water is brak
ongevoed sonder kompos en beenmeel daarby
die eensame boom in die donker vallei

soekend en smagtend na volson se kus

langs groen weivelde en waters van rus

sy rietskraal arms en die gom aan sy bas
klou verbete verbitterd aan sy kaal lyf vas

boomkapper skaaf saag snoei en sny
om die boom te red en hom te bevry
nou staan die boom in volblom getooi
toe hy eind'lik vir boomkapper sy habitat innooi

die skare vier fees in die kloof van die vallei
want die vrugte aan die boom is volop te kry
die voëltjies vlieg vrolik en juig saam met die boom
want hy groei nou voluit en lewe sy droom.

Kies jou koers

Rig my pad en plant my weë
in meetsnoere reeds vir my uitgetree.
Hoe lank wil jy nog bly rond rinkink
'wyl euwel vir jou loer en die duisternis wink?

Die kant en daai kant dan onderstebo
wat gaan dit jou kos om in Sy Naam te glo?

Rin-kin-kin-kink die roede straf swaar
vir die een wat jou leer om onheil te baar.

Hier 'n bietjie, daar 'n bietjie
so ly ons gebrek
want die kennis het verdwyn
en die vonnis is voltrek.

Soek die wysheid soos geskryf in Sy Woord
sodat jy ook in volheid aan Hom kan behoort
kom tot jou sinne en kom kniel by die kruis
die einde is naby waar gaan jy tuis?

Skryf jou Storie

Kyk so! die genadelose potlood en puntenerige pen
wat ontydig skribbel asof hulle my ken
skoon papier vir mooi gedagtes
om van vooraf te droom en sterk vlerke te kry
soos dié van 'n arend sê Jesus vir my

want ek is nie wat die leuens vir my fluister
my hart is gestel op die Een na wie'k luister:
jy is gekies om 'n verskil te gaan maak
jy hou die pen en kan harte daarmee raak

skryf dus jou storie en glo wat jy sien
jy is geskep om ander te dien
lééf voluit vrou en wees nie bevrees
want jý is gevul met My Heilige Gees.

Tik Tok se Tyd

Die oeroue klok het sy tik verloor
die uur het geslaan en net sy tok bly oor
tok-tok-tok eentonig en traag
klou hy verbete voor sy gedagtes vervaag

die koekoekklok se uitroep vibreer deur die gang
sy vingers en voete in tyd vasgevang
sy geheue het tred met realiteit verloor
'n nostalgiese reis wat hom steeds bekoor

vier geslagte generasies groei op voor die herd
ontelbare partytjies van koeke en tert
stemme weerklink soos hul saam die Here loof
en saans se trekseltjie koffie voor die aga stoof

stadig draai die klok grootmoedig sy voete
sonder seremonie
doodtevrede
hemelwaarts die roete
en

oorhandig salig sy sewentig
winters se reiskombers
vir 'n uitgebrande lewenskers.

Marius Pretorius

Gebore in 1981 in Fochville, Noordwestelike provinsie. Hy het groot geword op verskeie myndorpe, Springs, Carletonville en Virginia in die Vrystaat. Sy liefde vir literatuur het begin van kleins af, waar hy deur verskeie skrywers geïnspireer was. Inspirasie kom van verskeie velde af, maar hoofsaaklik van God en sy familie. Alhoewel hy laat in die lewe begin skryf het, dig hy in verskillende genre.

Delirium – weg van die verslaafde

In stywe koue van die nag
kom sit die dood oor my en wag
trane sonder spore, en spore sonder trane
koue van die binnelig in vlamme van blou

weeg jouself teen die kranse
slaan jou stukkend teen klippe
soos wyn het jy ongestoord gelê
smaakloos teen jou afsaksel

naamloos lê jy in strate
identiteit verlore in die oggendkoue
spraakloosheid met lippe wat bewe
verskuif kontinente en begrawe my in die fout

uit moederskoot was jy geliefd
maar selfs moederhart lê nou grou
skadu's maak die môrelig mistroostig
die koue van binne - na buite die norm

loop deur strate van verspoeling
die pad huis toe is nou windverwaaid
die krake in bouvalle tot op die fondasie
die byl teen die wortels en duiwel se grynslag.

My bruinoog kind

As ek dan kla
is armoede in my oë
verlange op vêr verlate strate
die lig het getuig van vreugde

staar ek af in die oë van my vaders
generasies vasgevang aan onskuld se voete
verryk voetstappe van die hings deur die vul
rug vir die ridder en hart van vlees

dekades gehyg na asem
waar duisternis my totaal verorber
by die nag kom staan ek stil
verander elke gruwel as baken van lig

kindjie, my bruinoog kindjie
kom leer my waar die reënboog sy kleure berg
waar die wind se skatkamers is en almal terg
leen my van jou hart se skitter

wys my om lief te hê soos jy my lief het
om mense te sien soos jy sien
ek kom was jou voete my bruinoog kind
al het ek nie geweet hoe nie.

Die grens van môre

In vergete dae staar ons uit
buite onsself op na bo
ons nalatenskap net herinneringe vir ons
nasate wat ons bou oor dekades se sweet

lê verwoes in reën, roes en roet
ons word net onthou vir twee generasies
dan word ons deel van die sand in die see
naamloos in die sienlike

vergifnis strek oor menigte

strek terug in tyd

dit staan op die grens van môre
blink soos die môrester

jy word onthou van waar jy is
maar is geliefd vir wie jy is
as jy die masker op die grond laat val
laat jou hart dan getuig teen die gal.

Monsters teen die berg

Hartseer realiseer in die vlug van waarheid
duisternis het krag in die afwesigheid van lig
in die nag vorm skadu's monsters
'n gestalte in die mis tot dit vorm kry

snags klim ons hoogtes uit
en veg met monsters teen die hange
word platgeslaan tussen vuur en klip
sodat die dienaars van die dag verstik

die vrees na die monsters word dan ons afgod
waaronder ons gebukkend staan
bou dan ons altaar
offer stukkies van ons siele

teen donker hange van die berg
word die getuienis van lig oor die horison
eerste gesien in donkerste tyd van die nag
die nagruim verskuif in die dag se wese.

Namibsroos

Uit die brandkluis van die nag
grawe ons blink goud
bring na vore dit wat verborge is
prag en praal uit die onmoontlike

die waarde van niks word gevind in die wind

waar wysheid uit stilte kom
agter die skemer staan dorheid
'n droogte wat fluister uit die moue

jy is 'n visioen teen die koue
die roos van die woestyn
waar die lig bymekaar kom
en die duisternis na sy rusplek vat

straal in jou voue van mooi
sodat die son oor jou gloei
onverskrokke teen die realiteit
laat die aarde se asem deur jou vloei.

Getuienis van 'n toeskouer

Jare staar ek na jou beeld
waar die dae oor jou loop
rinkink draaie aan die blink kant van die spieël
'n hart wat pols in die grendels van tyd

in jou oë flits oomblikke van onthou
tydelik en permanent heeltemal verskans
die are in jou sig vlak en fyn
berge versit en valleie uitgedelf

in jou sig nou gelaatstrekke van 'n vreemdeling
silwer grys hare wat stil wegkwyn
toeskouer van my eie verlatenheid
sand in die uurglas soos prooi in die mond

in die hart lê wat eg is
buite net 'n valse leë dop
ek sal die eie ek onthou
laat die tyd dan uitloop in die nou.

Suidland

Vêr, oor spitse van die berge
slaan donderweer oor vlaktes

die siel is naak en die hart behoud
bring twee oseane bymekaar, warm en koud

breek 'n stem deur die donker
as Ek maar net kon fluister

en jy My stem kon hoor
kan ons mekaar in die geheim ontmoet

onder die voue van die bleek maan
ry op die suidooster deur poorte van hoop
in klein bewegings en ruimtes is die Skepper
roos in die woestyn in die grense van môre

suidland, o my suidland
bring vir my dienaars weer nuwe hoop
jy dan 'n visioen teen die koue
genade in die voorvaders se aanskoue

waar plooie van verderf hul sig ruïneer
in die land van swaar en verderf
droë trane in dowwe stof
asem wat uitblaas soos poeier in die wind.

Gedagtes van winter

Uit die kloue van die dood is ons harte kil
weeg ons die lewe soos 'n kompas
en bestraf die weegskaal met groot afguns
koue trek diep in vorms en skadu's van winter

vergeef die middagson as hy laat kom
miskien het hy te lank vertoef
sodat die sonneblom nie sy kop kon draai
maar soos 'n volstruis sy trots bêre

los stukke van die wese in die koue
dat dit stil kan raak en hiberneer
tot volwassenheid kan groei
en wakker word wanneer die son gloei

staar in my aangesig
en vind dat ek die somer in my hart dra
my verweer teen die mis op die gras
'n belofte van beter en hoop.

Die kleed van my Vader

Staar deur die vensters van gister
val 'n traan van verskrikking
die oë vol van afgryse
as die beeld opwasem is dit net die stilte

die huis op die heuwel
staan in die skadu van die berg
as die koue hom onthou
is dit die berg die beskerming teen die wind

ek ken die naam van my vrede
binne die voue van die kleed van my Vader
'n kleed vir wat oor die kop trek
warm tussen die kreukels waar ek myself vind

laat my uit U hande uit eet
drink uit riviere van hoop
lei my na waters waar daar rus is
laat U hande sag oor my wange streel.

Die val van Jerigo

Ek het die jare uitgelê
tussen die aanvoeling van jou vingers
jou woorde was 'n verfkwas
wat my siel in nuanses van swart skilder

sketse waar jy stukkies van my vasgevang het
waar jy my hoë mure neerlê
jou glimlag onder bloue hemele
my fondasie laat verkrummel

laat die wêreld my nie besit nie
maar net die leërskare in die hemele roem
ons leef net as 'n droom van onsself
oppervlakkig in die holtes van hoogtes

plaas ons tussen die sterre
sodat ons verskiet uit die hemele
so vertaal ons die lig van die son
om sin uit die duisternis te kry

êrens, tussen vandag en môre
is dit net ek en jy
die mure wat verpletter lê aan ons voete
aan die einde waar alles sin maak.

Susanne Pretorius

Gebore op die Hoëveld. Haar kinderjare het sy in Johannesburg deurgebring maar is tans woonagtig in Pretoria waar sy dig oor haar padreise deur die lewe. Sy put inspirasie uit die lewe en natuur rondom haar maar ook uit haar eie reise en persoonlike ervarings. Sedert November 2020 is verskeie van haar gedigte al op Litnet se webwerf gepubliseer en by twee geleenthede (2021 en 2022) is van haar gedigte voorgelees by die Windhoek Woordfees. In 2021 selfpubliseer sy 'n digbundel getiteld "Middernagtuin." In 2023 verskyn van haar gedigte in "Die Nuwe Era Groot Verseboek 2023".

Poskaart vir die lewe

Ek het 'n poskaart vir die lewe gestuur
lank gelede voor die koms van grys
en met geen adres of seëls daarop
kon my poskaart die wêreld heen reis
eendag het my poskaart teruggekom
ek het dit omgedraai, gekyk agterop
opgeplak was seëls van baie kleure
sommige helder, ander 'n bietjie dof

ek het my verlustig in die denkbeelde
wat onwillekeurig by my sou opkom
as ek op 'n seël konsentreer, o, kyk
'n kleine veer sit vas aan een se gom
'n sagte donsveertjie soos van 'n duif
ek wonder waar hy vandaan sou wees
en was hy grys, wit of dalk gespikkeld?
ek voel 'n tikkie verbondenheid in gees

ek peins; dalk was dit 'n rooiborsduif
soos in Breytenbach se liefdesbrief
of onrustige grys duiwe in Potchefstroom
wanneer donker stormwolke oor hul klief
maar die poskaart verklap nie sy geheime
ek sal moet tob of anders myself verbeel
dat al die beelde wat ek voor my sien

wegkruip in die weerkaatsing van 'n spieël.

Kuswaarts

In my gedagtes
teken ek prentjies in die sand
droomverlore
sommer so met die vry hand

die see, 'n gerimpelde blou lap
strek uit tot by die horison
visserbote dobber en vragskepe
lyn op om in die hawe te kom

in die skadu van 'n tentsambreel
sien ek jou op 'n seilstoel sit
jy tuur na die oseaan
jou gestreepte hemp blou en wit

die wind roep my
om die Hoëveld se stof af te skud
op die vlerke van 'n albatros
te wyk na jou plekkie by die kus.

Herfsrefrein

Die somerseisoen verdwyn
in geroeste koper en rooiwyn
kleine spatseltjies sonskyn
dans, dans, dans, nog
op die kraakvars blaartapyt
voor die venster waar ek uitkyk

ek voel hoe 'n oomblik van my
verwyl
versteek in die melankolie
en gesteelde harmonie
van ougoud en roesbruin
verstrengel in 'n herfsrefrein

Purper reën

In 'n laning van pers jakarandabome
vind ek die meisie met die donker oë
ek het gewonder of sy terug sou kom
die dag wat die jakarandas weer blom

ek vertel haar van reise deur 'n moeras
die struikelpaaie onder 'n donker maan
van hoe lyk herfs sonder enige kleur
'n lente gestroop van soete blommegeur

sy vra my of ek baie sterre kon sien
maar ek skud net bedroef my kop
en vertel van 'n donker gat in die heelal
ek vermoed die sterre het daarin geval

sy vertel my van die mooi seisoene
van 'n blouer as blou Oktoberlug
die geur van verbleikblom in haar neus
die rimpeling van die son oor haar vlees

die wind waai en jakarandas dans
sy lag van lekkerte en ek lag saam
daardie dag in die purper reën
word 'n stukkie van ons weer een.

Die uil by Bloukrans

'n Wyse uil het by Bloukrans gekreun
daardie dag na die bloedige reën
kon hy hoor in die wind se fluister
klanke van die toekoms duister

steeds lê daar op Angola se land
geraamtes van tenks uitgebrand
tekens in 'n natuur reeds herstel
van die bosoorlog se bloedige hel

die dood, in swael en rook verdwyn

nooit ten volle uit 'n siel gekwyn,
reeds vergete onder die lug so blou
uiteindelik sal net die uile onthou.

'n Mossie

Die haan se roggelende kraai
klink yl op tussen die stadsgeraas
mis hang laag oor die Magalies
bedek die berg in blouerige waas
iewers begin die hadidas te koggel
in 'n ritueel wat die oggendstilte steur
die ongewildste lid van die Ibis familie
lang snawel en onooglike grys kleur

ek mors per ongeluk 'n bietjie beskuit
'n mossie hop nader om dit op te pik
dit laat my dink aan die storie gehoor
van die mossie op die een sent stuk
daar het die Here Sy genade so wyd
in die vorm van 'n mossie gestuur
ook voel ek my onrustige hart verstil
in die oorvloed van lewe in die natuur.

Stasie

Die trein het die stasie verlaat
ons het gegroet, dit was laat
ek was op pad terug na Parys
die laaste been van my reis

vroegoggend het al begin ontvou
rondom die ou Europese stad grou
my trein een van vele om aan te kom
in die eerste bleek strale van die son

met gedagtes yl en deurmekaar
het ek gebeur deur die menseskaar
die moltrein na Charles de Gaulle
was op tyd en tot oorlopens toe vol

ek kon 'n hoekie vind om myself in te druk
my kop vrye teuels te gee, dartelend terug
na die Franse platteland se bekoring
vasgevang in oudwêreldse betowering

spoedig was ek terug in La Canourgue
weereens geluister, meegevoer
na die orrelspel se strelende klank
waar ek alleen sou sit op die kerkbank

maar nou is die herinneringe vervaag
het vir jou 'n ander trein die stasie verlaat
ek wonder speel jy soms nog die akkoorde
van die vergange melodieë sonder woorde.

Clarens

Ons noem die koei Gemeente, wat
straat af drentel, klok om die nek
en met elke tree klingel
dit hard genoeg om die dooies te wek

ek het herfs gaan soek
en in Clarens gevind
goue populierbome
kietsregop in die wind
lewendige musiek
as skemer begin val
'n ou tjor
voor 'n winkel uitgestal

rooi plastiekstoele in rye gepak
Saterdagaand in die skoolsaal
die hele gehoor meegevoer
deur 'n hartroerende verhaal

kunstefees op die dorp
'n hele markiestent vol skilderye
almal lag, gesels en kuier

tot die dorp val in swye
'n spookdorp na agt
strate donker en stil
net die berge wat toekyk
hoe nag oor die dorp spil.

Sjabloon van 'n lewe

Met 'n vroegoggend koffie en
die son goud tussen die bome
begin 'n splinternuwe dag
in die lewe van 'n dromer

ek peins oor die sjabloon
van 'n individu se lewe
daar op my gemakstoel
in stille rustigheid tevrede

tussen elke komma en punt
lê skoenbokse vol onthou
sommige reeds erg verdof
ander so helder soos nou

die jare verdwyn in my gedagtes
ek hardloop weer soos 'n kind
kaalvoet deur my herinneringe
om vergete vreugdes te vind

ek proe weer die melktert
deur my ma se hand gebak
al die heerlike gemmerkoekies
op Desembervakansies se rak

ek kry my eerste fietsryles
val my velle af in die stof
skuif Sondae rond in die kerk
fraai hoedjie skeef op my kop

die uurglas is nie meer so vol
sand deur die krake uitgespil

knars as ek daaroor loop
oorverdowend in die oggendstil.

Ad Infinitum

Goue spatsels glinster op ruwe rots
waar die son deur menige skeure rippel
en tog is 'n berg, majestueus en trots
vanuit die hemelruim bloot 'n stippel

onbeduidend in 'n heelal ad infinitum
die onpeilbaarheid
van die uitspansel se geheimenis
verborge in die ewigheid

maar jy, nietige mens, altyd soek
na 'n plek om te rus, jy is bekend
want by jou naam is jy geroep
om te woon in die Here se tent.

Esme Reichel

Gebore in Warmbad. In 2018 word sy een van die min bevoorregtes om as permanente tuisteskepper pensioenaris te word. Sy het een boek wat gepubliseer is, Sydney Louw, deur Malherbe Uitgewers. Daarna het sy haar twee boeke vrygestel en is besig met die derde opvolg van die reeks Sydney Louw. Sy is bevoorreg om hierdie boek nou eersdaags in Engels uit te gee. Die Engelse weergawe beloof ook 'n groter mark te bereik. Sy is reeds genooi vir 'n onderhoud in Istanbul, Turkye in September. Sy skryf graag gedigte en deel hierdie spesiale sielswoorde ook met almal.

Foto's van Gister

Kon jy deur gister se foto's kyk? Daar waar almal so gelukkig lyk.
Swart en wit kiekies deur kleur foto's vervang.
Tegnologie verbeter mos alles, hoekom sit ek dan nog en verlang?

Pynlike warm-om-die-hart gevoel, aardse lewe is net tydelik bedoel.
Hoeveel van die lewe se uurglas-sand is daar vir my nog oor?
God se Engele wag, hul sing : "Kom huis toe!" in 'n koor.

Foto's van gister bring verlange en pyn,
sou die pyn kon verdwyn as jy hul wegbêre onder in 'n laai?
Onthou wat jy saai sal jy maai!

Sien jy die glimlagte op die verdofde foto raak,
of het die stof op jou hart jou oë blind gemaak?
Die glimlag op jou kiekie bring trane, iewers speel 'n begrafnis liedjie.

Liefdes-geskenk

Wat is die grootste geskenk wat 'n ouma kan kry?
Die onbaatsugtige liefde wat 'n hartjie klein!
Onvoorwaardelike aanvaarding, 'n liefde so rein,
twee armpies om ouma se nek, haar sagte lyfie, vlekloos en klein.

Onskuldig gelukkig op ouma se skoot,
met permissie geneem, hierdie lyfie is my kleinood!

'n Kosbare oase in 'n dor wêreld sonder hoop,
my beker loop oor, sy is my lewensbrood.

Jou pragtige glimlag steel nog 'n stukkie van my,
met jou baba-voet, loop jy regdeur my hart.
My liefling-kind se liefde so skoon en opreg sal altyd bly,
die beste geskenk vir hierdie ouma, is jy!

Onvermydelike simfonie

Die lewe is 'n lied, 'n spesiale soort taal,
die kletsrym wat klink soos gepraatsing
sal vir die wat kan bybly, 'n storie bring.
Terwyl sekere sonates jou hart laat sing,
kan die oudste filosowe se melodies jou tot stilstand dwing
Die ritme wat saam jou hartklop suurstof pomp.
Ruk en Rol, gepaard met lawaaierige dromme, jou lewenstempo
knip jou tydmaatteken stomp.
Die lewe is 'n lied
slegs as jy leer om saam te dans.
Jou ore is doof, jou lippe is stom
ja, jou stem ontbreek, nou 'n verdroogde blom.
Geen opera, Evangelie, Siel of Rock,
kon slaag om die Blues uit jou hart te blok.
Soms speel Meubelmusiek nog in jou kombuis,
elke dag se vertoning 'n nuwe klankbaan.
Die lewenslied-refrein wat niemand kan bepaal of vermy,
in die ritme van jou gordyn se val, nou het net jou as agter gebly.

Tik-Tok

Die lewens wiel draai voort, dag word nag want hy hou aan draai.
Iewers 'n lewe geneem, hoeveel mens moet nog hierdie prys betaal?
Bejaarde egpaar tree af, ai hul sou nooit kon raai
dat gierigheid die einde sou wees van hulle verhaal!

Gewerk en gesweet, saam het hulle klippe geëet.
Hul pragplaas het uit niks verrys, die bose oog is groot
diefstal en moord, ons mense word gemartel tot die dood!
Hul hart het begeer, ons moet mos kan verstaan,

met hul lewe het hul die prys betaal.

Waar is U?

'n Kontinent vol kwaad, mankoliek desperaat,
oneindig meetloos, holoniem of meroniem,
die een kan nie sonder die ander dien.
Beheer-vraat soos 'n siekte gekweek
die geduldige kiem 'n nasie beswadder.

'n Kontinent vol kwaad, my land moet ek verlaat,
geen rus of duurte, al wat oorbly is haat!
Een lewe geneem, honderde siel gesteel.
Vergewe en vergeet, God red ons van hierdie leed,
geen beheer, respek of liefde, net kwaad!

Die Duiwel glimlag hy wil oorwin,
'n hart vol woede gee hom sy sin!
Red ons Heer! Wees U net weer in beheer!
Die wêreld vergaan sonder U naam,
'n kontinent vol kwaad, want hul het hul God verlaat.

Johan Riekert

Gebore in die Noorde van Angola. Eerste Afrikaanse skole op die ouderdom van 12 jaar, Seodien Laer en Kalahari Hoër, te Kuruman. Sluit by SA Polisie aan en vorder tot rang van Kolonel. Verlaat SAPS en word 'n prokureur. Behaal deeltyds die volgende akademiese kwalifikasies – B Lur, BA Hons, LLB, MCom. (Glo kennis gee insig wat kulmineer in wysheid). Skryf van vroeë ouderdom gedigte, maar nooit gepubliseer nie. Eerste publikasie van sy gedigte in Die Nuwe Era Groot Verseboek 2023. Skryf gedigte vir die gewone mens en nie net vir belese persone of akademici nie.

Ballade van die Sterlitzia

Lank gelede in die Suiderland
het 'n ruimteskip gestrand
die Mesosfeer het die skip laat gloei
die aardlinge was verskrik en geboei.

Op hul knieë het hul neergeval
die gode aanbid vir ingeval
braaf was hul leier
wat is agter die gloeiende sluier.

Beeldskoon het sy daar gestaan
geen vrees geen skyn geen waan
met 'n oog wat vas op haar hou
het hy gegroet met arms gevou.

'n Vlinder van sy
het met waardigheid sy oog vermy
'n Vrou in die heelal is 'n vrou is 'n vrou
so het sy haar waardigheid gehou.

Ek is koning Terra
ek die botanikus Strella
het elk hulself benoem
en tot vrede versoen.
Strella botanikus van die heelal

se skip het geval
op Terra die aardkind se land
lank was sy hier gestrand.

Liefde is blind
'n Leier soek 'n kind
Strella het geweet
hulle kon daarvan vergeet.

Die gene van sterkind
en aardkind kan nooit nie bind
selfs die heelal se botanikus
kon nie die gebrek uitwis.

Lank het hul saam gebly
voor reddingspanne haar kon kry
hare is 'n ewige taak
en moes sy hul verhouding versaak.

Strella kon met plante goël
en skep toe 'n liefdesimbool
as geskenk vir haar minnaar
daar sy nie vir hom 'n kind kon baar.

'n Ruimteskip nes die blom van 'n vrou
'n Skip in blou met vuur omvou
haar liefde haar hartstog
wat ewig brand tot nou toe nog.

In die skoot van die vrou
word die blom van lewe gehou
in die voue van die Strelitziablom
is die ewige waarheid van die sterreblom.

Proefplaas: Eden

Waar 'n rivier aan die bo-loop
van die Tigris en Eufraat ontspring
was daar 'n proefplaas: Eden

uit Goddelike DNS is die man geskep: Adam
- met 'n XY chromosoom
uit die man is 'n vrou gekloon: Eva
- met 'n XX chromosoom.

Replikas het meermale gebreke
so val Eva die Slang ten prooi
en word die Mens uit die Paradys gegooi.

Oudiënsie met Farao

Toe hy hom sien
'n son verweerde ouman
met verslete klere en sandale
minagtend het hy na hom gekyk
die arrogansie: Het hy gedink
tog nael dit hom: Die oë
dit pyl hom vas
hy vervies hom: Die gesag daarin
hy wil sy hand lig: Hom wegwys
sy hoof wegdraai: Hom minag
hy kan nie: Hy is magteloos.
Soos 'n bliksemstraal tref dit hom
dit is prins Moses!

Maria

Wat soek u, vrou
my Meester My Meester, Meneer
het sy wenend geantwoord
as Hy weggeneem is
sê asseblief waarheen
het sy smekend gevra.

Maria, Ek groet jou vrou
Rabboni!
waarom die trane vrou
die verlange Meester
my trane my liefde
Ek weet vrou

los my nooit nie my Heer
tot in ewigheid nooit nie vrou.

Die Skepper se opdrag aan die ongeborene

Ek stuur jou na My Seun se mense
Ek gee aan jou die volgende:
'n Tydelike liggaam, jou voertuig op aarde
'n Ewige gees om dit wat jy is te wees
'n Siel, 'n deel van My
om jou My kind te noem.

Daar waar Ek jou stuur
daar is Hy
deur My Seun, vir sy mense gestuur
as jy Hom toelaat
sal hy jou siel bewaar
tot jy terug is, weer by My.

Let op aldaar, hy wag op jou
hy weet jy het 'n deel van My in jou
ook dat hy My nooit nie kan oorwin
maar soos 'n honger leeu
soek hy dié deel van My in jou
jou siel my kind.

Dorsland Kremetart

As ek kon vertel
wat ek in my bewaar
van mens en dier
se sweet trane lag en spel
op die roete langs my hier
sou nie net Delphi se Orakels
geheimenisse kon verklaar.

Woestyntrek

Bloed wat eers are vol gevloei
is deur dorstig son verskroei
aasvoëls het vlees verslind

voor Son die kim kon vind.

Beendere het gou verkleur in sand
tot witpadpredikant
ewig smagtende woestyn
wat voed op dors en hongerpyn.

Kruger standbeeld op Kerkplein

Hoeveel duiwelsdrek
het jou gesig al bevlek
wat sien jy
as jy skuinsweg
noordwaarts kyk
is die toekoms vreugde
of verdriet
soos verlore jou volksrepubliek.

Nasionale party na 40 jaar

In 'n kokon
vasgevang vir 40 jaar
sien ek deur krake, skrefieslig
wat soos 'n ver ster flikker.

Word ek uit my slaap geskud
deur novakrag
beur ek teen die suigmag
wat my na die swartgat trek.

In my worsteling om te regverdig
waarvoor ek staan
spartel ek om te hervorm
om voor die winde van verandering te bly

terwyl tyd uitloop en Afrika-norm my inhaal.

Die gewigopteller

Die spiere bou maar swaar

harde werk is dit voorwaar
oorwinning is altyd soet
met tinteling in die bloed.

Hy beur met alle mag
hoop vir nog 'n bietjie krag
hy sien hom reeds verower
om sy hoof lourier lower.

Die sweet kom met strome neer
hy hou aan beur
en glo
en ruk-en-pluk die swaar gewig na bo.

Marelize Steffen

Gebore 1984 in Klerksdorp. Sy is 'n digter wat passie het vir wat sy doen. Deur haar gedigte beeld sy uit wat daagliks gebeur en hoe ons dit hanteer. Haar liefde vir skryf het begin as klein dogtertjie. In 2016 het sy en haar gesin geïmmigreer na Hamburg, Duitsland. Daar het sy weer begin skryf en met behulp van Malherbe Uitgewers, kon verskeie van haar gedigte in verskillende bundels verskyn. Antjie Krog, Ingrid Jonker, N.P van Wyk Louw, Breyton Breytenbach is almal voorbeelde van mense wie se voetspore sy graag wil volg om ook haar eie bundel te publiseer.

Liewe musiekman

Liewe musiek man
hoekom is jou hoed so skeef
het sy ook besluit om aan te beweeg
was jou trane die galg in die note wat jy speel
steek jy jou hartseer weg in geluk wat jy uitdeel
oor jy eens nie genoeg was vir haar
kon sy nie jou goue siel bewaar?

Musiek man jou liedere hang droewig in die lug
want die venster van alleenheid draai sy rug
staan op musiek man, sing uit volle bors
los agter jou trane en moenie dit mors
jou klanke is helend vir verlore siele
want eens net soos jy, was hul in eensaamheid verlore.

Onthou musiekman, jy is besonders
vir jou dalk nutteloos, vir ander 'n wonder
besonders vir die wêreld
'n geneesheer vir my.

Afwesigheid

Stille vertrekke
skadu's teen die muur
groot wit engelvlerke

in die nag se donker uur
op die ou plaas in die verte
doer op die horison
verlore pos in bruin koeverte
van verlange na die ou windpomp

waar sonneblomme eens kon pronk
druiwe boorde met appelgroen hanepoot
eenkant die gedroogte mieliestronk
ploeg die boerlose trekker voort

eens was daar lewe
die reuk van vars bale
nou lê die plaas aan skerwe
geplunder deur barbare.

*Ter nagedagtenis vir elke vermoorde plaasboer

Ek leen vir jou my skoene

Jy wat met die oordeelsboek staan
om te skryf van die foute wat ek maak
jy wat die eerste vinger wys
in die dae toe ek jou gevoed het uit my kruik

my skoene het gegaap van arm wees
maar ek het nie die wêreld gevrees
ek het steeds soggens met trots
my dag begin met my God

ek sal vir jou my skoene leen
sodat jy in my spore kan loop met gekreun
sodat jy die trane kan voel met elke tree
dat jy kan nadink wat jy vir ander skree

ek sal vir jou my skoene leen
vir die dae wat jy jou weelde nie bejeën
dit wat jy het was uit Sy omgee hart
wat jy as alledaags net voortaan vat

ek sal vir jou my skoene leen
ek bid dat genade dan op jou reën
want die storms op elke een se pad
trotseer ons daagliks met 'n nuwe pas
daarom wil ek vir jou my skoene leen
want elke storm en elke tree sal ek weer en weer neem
want daardie skoene het my dankbaarheid geleer
om die storms van die lewe met sterk sole te trotseer.

Die dans van die lewe

Een was jy 'n beginner wat die passies moes leer
wat die ritme moes verstaan en jou balans beheer
met al die val en al die droom
moes jy maar afskud sonder om te skroom

met 'n draai en 'n swaai en oor begin
was elke treetjie maar bangerig teen jou sin
jou lewens spieël was die toonbeeld van werklikheid
jou oë doelgerig op jou eie besluit

dans jy met 'n masker of dalk soos jy is
of dalk het jy jou met die ritme misgis
dade kan nie ongedaan gemaak word
dis passies wat uitgedeel is op jou lewensskinkbord

deur trane en lag moet jy jou danse dans
haal weer asem en gee jouself kans
of jou vere nou blink soos die mooiste swaan
jy sien jouself dans in jou eie baan

tik-tok die uurglas staan en sy sand loop uit
tik-tok wat sou jy verander en waarop sou jy besluit
sou jy net nog eenkeer met 'n hallo groet
of sou jy sommer net jou lewe inboet

dis die ritme van die hart
wat die siel kan laat versag
dis die lewens rigtingwysers wat spore trap
wat jou snags saam sterre laat wag

en die wysie van jou lewe
wat tik-tok-tik-tok aan bewe
niemand vra jou is vandag jou laaste dag
wees jouself elke uur, die dood laat nie op hom wag.

As jou woorde te min raak

Teveel toegelaat
môre te min gepraat
voor die leë tafel gesit
en alleen moes bid
Vader heel my swart hart
sny die kettings van my af

smeer salf oor die bittere smart
heel my wonde en vee my lippe af
balsem my en smeer was oor my voete
pak olyf takke om my liggaam
en sny weg die kwade goeters
pak 'n mandjie van goedheid en neem my saam

ek vind U by die paradys
waar U my die mooi weer wys
waar rose nie dorings het
en my bloed rein kan wees en wit lakens op my bed
sterre blink
jou stem het gesink

diep binne in my siel
waar ek met rooi trane snik en kniel
soveel verwyt en soveel te hard
'n sagte geroep dis jy wat weer praat
maak stil die gemoed
en seël die swart roet

maak weer vol my beker
laat my besef alles naby maak alles mooi en beter

Gif van ontrouheid

Hande gly deur 'n dowwe siel
waar pynlike woorde die hart verniel
in swart strikke deur wit satyn
nagte lange snikke in stilte verdwyn
so wit soos sneeu, so rooi soos bloed
iewers het iemand hul liefde gegroet
skelm met glasies en soene om die hoek

verskeur die gif wat die onrein besoek
bedraad met kommas en flater skrif
en die donker ritssluiter deur waarheid ontstig
'n rooi roos vir slapende skoonheid
vermorsel in die kloue van seer-seer waarheid
'n skedelbeen op 'n ou grafsteen
met mooi motors en klere uit die boetiek geleen
die masker het geskuif het die spieël vertel
deur die magtige weerkaatsing van die onheilspel.

Suid-Afrika skildery

Verf my siel met kleure van gemak
met Proteas en fynbos vanuit die Afrika rak
waar kwepers groei en mosbolletjies roep
uit Ouma se kombuis, beskuit wat koffie soek

waar piekniek hou jou kinderwêreld ontbloot
kleilat gooi en warm stokbrood
vrugte ysies en Dirkies so soet
hoor in die verte hoe die hadida roep

verby die groen koringlande en sonneblom pronk
die taal monument bring 'n harte vonk
Sus en Daan ons lees genot
Kosmos langs pad en nartjies by die robot

rooi ribbok ram was tongknoop vir ons
Sannie sal sewe sakke sout sleep gons
met bruin vellies en broodjies vir pouse

modder pootjies en Pippie langkouse

die groot vyf in ons harte en son in ons oë
in die besige wêreld hand aan hand en glo
sonbesies sing in die vlaktes
die Afrika sonsondergang wat ons mis

AFRIKA HALALA AFRIKA
ewig is ons in Afrika.

Parys van drome

'n Sterrehemel vergesel die donkermaan
Terwyl die aarde eensaam wentel in sy eie baan
die nag is stil en die reën het sy bui bedaar
maar iewers in 'n taxi sit en fluister hy mooi woorde vir haar

haar mooi rooi Parys hoedjie skuins op haar kop
met 'n geligte wenkbrou, hou sy hom dop
sy is die droom van die nag in elke prins se storie
maar as sy by haar lewelose woning in stap, sing Ratatouille

hy leer haar van dans en kook uit die kop
proe aan souse en hou die spaghetti dop
sy sing in sy ore tussen mure en glas
sy skryf liefdes resepte elke dis en dit is vars

in die strate van Parys het elke jongmeisie die idee
hoe sy wil werk in haar beste klere geklee
met blink goed aan haar ore, 'n halssnoer om haar nek
haar lang blonde lokke, haar blou oë maak hul gek
tussen vuil en vals hang daar iewers 'n stukkie goud
van hoe Parys ontstaan het, tussen kulture jonk en oud.

Kom sit vanaand by my

Onvergeetlike gesprekke vanuit die natuursitkamer
vele gratis sitplekke vir kinders, manne en dames
die platejoggie is die voëls in die bome
met 'n kwetter en fladder in jou ore

bonte dekor vir elkeen se smaak
groene gras en blomme om aan te raak
kom sit vanaand by my en neem die vars lug in
neem jou tyd om in te asem en rustig te besin
vanaand wil ek net staar in jou stille geselskap
sien hoe jy wieg-wieg terug in die verlede stap
ek wil my vinger op jou lippe sit en jou net rustig maak
jou vas druk teen my bors, jou rustig en kalm laat raak

laat die natuur jou gedagtes versoen
als sagkens aanraak en waardeer wat jy doen
'doen slegs U wil Heer, U wil met my
U die Pottebakker en ek die klei'.

Die verganklikheid van ons

In die fyn skrif van die werklikheid
hang portrette van verraaiers
in die binnekamer van elkeen van ons
waar jou mond oopgaan om te skree
maar die klank het in stilte ontsnap
en deur die siel se klankgrense gesny
sonder om eens die lippe te raak van jou en my

die wandelinge op die stofpad van die aarde
hand aan hand in verskillende rigtings beweeg
met drome van vryheid in die mens gemaakte tronk
in suurstof verstik tussen die stuifmeel van haat
waar elkeen maar voort ploeter en wanhopig bestaan
tot aan die eindtyd van die wêreld
en Hy wat dan die oordeel kan gee
ons almal weer as gelyk maak

as die skadu´s teen die muur op rus gaan staan
'n morsekode stuur na die lig van die maan
in vrede weer in eenheid gaan
waar elkeen se plek in die warboel lewe as 'n pion bestaan
jy jou finale skuif maak en daarby berus
tot ons eendag die aarde groet
ons weer ons Here as ons Herder kan ontmoet.

Andre Strijdom

Gebore in 1970 op Heilbron, in die Vrystaat. Sy grootste belangstelling was gedigte, musiek en komposisies. Na 'n uitgebreide loopbaan as komponis en operasanger in Suid-Afrika sowel as internasionaal, keer hy terug na Suid-Afrika. In 2009, terug op Suid-Afrikaanse bodem, begin hy sy loopbaan as sang- en musiekonderwyser, skrywer, toonsetter, komponis en regisseur van verskeie Woordkuns produksies vir die Woordfees en die KKNK. Die produksies sluit in, "Lyflied" (Hennie Aucamp, digkuns) "Ontvlugting". (Ingrid Jonker digkuns) en "Kombuisvrou van Harte" asook toonsettings van gedigte van verskeie Afrikaanse digters, soos TT Cloete en Breytenbach. Hy bly in Somerset Wes in die beeldskone Helderberg-omgewing. Met sy diep baritonstem tree hy van tyd tot tyd by verskeie geleenthede op. In sy vrye tyd werk hy aan sy eie digkuns en verf graag met olieverf.

Vlerke

Die Vrystaatse dorpie waar ek gebore is
en in my vroeër kinderjare grootgeword het,
was omring met heuwels en die dorp se strate vol stof.
Ons huis was klein
en ek en my broers moes een kamer deel.
Agter die huis was 'n dam en 'n bloekombos
en in die agtererf was 'n duiwehok
waar die voëls agter ogiesdraad veilig gehou is,
beskermd van donderweer en reënstorms,
warrel-winde en die moordende strale van die somerson.

Smiddae na kleuterskool het ek met gretige kleutervingers en krullende tone
teen die ogiesdraad uitgeklouter
tot ek kaalvoet op die dak van die hok kon staan.
Dan het ek gekyk en bly kyk na die heuwels
wat ons dorp omring het.

Sou ek soos 'n posduif ook kon vlerke kry?
Sou ek hoër as die heuwels kon uitstyg?
Sou ek kon sien waar die stofpaaie tot teerpaaie

die weg na ander wêrelddele baan?
Wat was die vreemde pad wat vir my uitgelê is?
Saterdae is die posduiwe vrygelaat
en ek wou weet waarheen die hoë winde hulle vlerke dra.
Altyd weer het die duiwe na hul hok teruggekeer.
Ek was nog kleuter-kort en die duiwehok se dak was laag.
Elke dag het my ma vir my 'n lucky-packet gekoop en toe het ons weggetrek
en ek het op 'n ander dorp grootgeword.

*As 'n grootmens het my talente my die vlerke gegee om oral in die wêreld rond te loop.
Dit was eers toe dat ek kon verstaan waarom die posduiwe altyd teruggekeer het na hul huis.

'n Plekkie op aarde

Nog 'n oorlog het uitgebreek iewers in Afrika
nog 'n bom het ontplof in Kief.
Putin spog met sy 1.3 miljoen soldate.
Oraloor die aarde leef vroue en kinders al dekades lank in vrees,
altyd die grootste slagoffers van onvrede en oorlog.
Nêrens is daar meer skuilplek in Gaza nie.
Palestina is nou Israel se volkslagting.
Die inpak van klimaatsverandering is al jare gelede voorspel.
Die weerpatrone sou die mensdom se bestaan bestem.
Oorbevolking bring nou voedsel- en watergebrek,
weerligstorms, orkane, tropiese siklone, tsunami's,
watervloed en droogtes word 'n alledaagse ramp.
Die vier perderuiters van die Apokalips neem meer wraak
sonder om die einde daarvan te sien.

My wens is 'n plekkie op die aarde
wat omgrens kan bly van onmenslikheid
'n eiland saam met my beminde
beskermend teen alle seer.

Ek kan net wens en bid en glo
dat dit so sal gebeur,
maar nou maak die wrede nuusbeelde van oraloor my bang...

Die hart is oorbodig

Soms is die hart 'n vergaderplek van drome.
Soms is die hart 'n vergaderplek van seer.
Somtyds sal die hart huiwer as dit juis sy klop moet gaan.
Somtyds sal die hart se klop egter bruis as dit stil moet staan.
Soms is die hart 'n versperring sonder hart.

Maar as ek in jou oë kyk, vind my hart 'n wentelbaan.
Na die drome in jou gedagtes,
na die velde van jou borste,
na die juwele in jou are,
na die kaarte van jou siel.

Die hart is oorbodig want liefde groei in oorvloed by jou.

Jy's soos vrede,
'n winterhawe,
soos kosmosvelde na die reën.

Woordeloos

Ek wou nog altyd 'n gedig oor jou heengaan skryf,
maar die woorde het my nog altyd ontgaan.

Hoe versin ek jou dood?

Hoe begryp ek iets wat alle verstand ontwyk?
Geen enkele letter, lettergreep, fragment of frase
vind die beginpunt om 'n gedig oor jou te komponeer nie.
Dit is sinloos
soos jou skielike en onverwagte afsterwe.

Hoe het dit gebeur?

Hoe versin ek iets wat in een oomblik verdwyn het?
Geen beeldspraak, vaste uitdrukking, idioom of vergelyking
word 'n sinoniem om jou in 'n grammatika van letters vas te vang nie.
Elke gedagte aan jou ontken jou dood in 'n dubbele ontkenningsvorm.

Dit kan nie wees nie.
Nooit nie.
My tong voel rond in my mond na 'n vraag om 'n antwoord te vind.
Woordeloos staan ek met die gedagte
om oor jou dood 'n gedig te skryf.

Wentel

Om en om
'n middelpunt spiraal
'n klein begin ontspring uit noodlot of bestemming
en rimpel groter tot 'n tydlose sfeer
die ewigheid in vergaas die smeulende kosmos-vaas die toekoms
voort tot lig verspikkeling
en verlig alle donker spasies met verwondering

sal daar ooit aan die skeppingsdaad 'n einde kom?
aan dié ewigheid wat web-verweef is?
Die wentelende ontelbare sterrestelsels
wat tot 'n eindelose einder kring of
sou dit soos sterrekundige wetenskaplikes beweer
"die heelal sal onder sy eie swaartekrag meegee"
Sal dit vanself te gewigtig raak en in een oogwink tot 'n swartkolk
in die niet verdwyn tot niks?
Sal daar weer 'n nuwe middelpunt ontspring?
en van vooraf begin wentel?

Verwondering

Van waar ek hier is verkyk ek my aan die reisende sterrehemel
van gespikkelde lig en ek wonder
is daar ook bestemming vir dié ewige uitspansel?
'n bedoeling
'n versinning
'n bestaan-patroon
wat in chaotiese orde iets beteken en wat van almal en alles tasbaar om my
'n geheel maak
'n verwantskap 'n bestemde plek
en
'n bestemde oomblik?

- hoe pas alles in alles in? - elke keer as ek ruimtelik langs ver-hemels
tref dieselfde gedagte my
- pas ek in? -
wat definieer my? is ek uitsonderlik anders?
kan iets my opmerk waar ek ook spikkel brand?

Liefdeswens

Vir jou wens ek 'n winterhawe
'n skuilplek teen die storms van die hart.
Vir jou wens ek 'n toevlugsherberg
'n vesting teen die aanslae van die gees.
Vir jou wens ek kolomme vrede onmeetbaar soos die radius van tyd.
Vir jou wens ek eindelose vreugde helder brandend soos die kern van die son.
Al bly die lewe 'n soektog na 'n betekenisvolle bestaan.
Ongekaart en grensverskuiwend
bly die liefde altyd voor as baken
en dui die rigting aan na die bestemming van die hart.

Voorwoord

Om 'n gedig te skryf

is nie om ritmes te verklank nie
is nie om metrums te herhaal nie
is nie om woorde te skandeer nie

om 'n gedig te skryf
is nie om versreëls te laat rym nie
is nie om alliterasie in woorde te eggo nie
is nie om abstrakte beelde te skep nie

Nee

'n gedig is vrye verse van ongebonde vorms
'n gedig is onbeperk van die hoeveelheid verse
'n gedig is frasering van waar leestekens nie geld nie.

As jy kan verklaar dat jy nie die lewe kan verstaan nie...

Skryf dan 'n gedig.

Patrone van herhaal

Soos patrone wat herhaal
dring jy my sirkelgange binne
en bevestig keer op keer
om lief te hê maak seer.
Dit laat my blindelings staar om
onuitspreeklike leemtes te ervaar.
En waarom bombardeer jy my met onwaarskynlike drome?
En waarom reflekteer jy keer op keer net so gou as ek jou leer haat?

Ek bewaar my drome voordat twyfel my laat struikel.
Ek bly tevrede dag na dag om nog 'n somer op jou te wag.
Al word ek somtyds meegesleur,
die gedagte aan jou bring teen-verweer.
Daarom bly ek onbevrees en sonder twyfel na jou hunker
en aan 'eendag' vasklou wanneer ons twee weer saam sal wees.

Kan jy my eenmaal net liefhê
selfs al is dit onmoontlik nou
net die gedagte sal genoeg wees
om tot later en in ewigheid te hou.

Sou jy weer terugkom

Al sou jy weer terugkom om my lief te hê
sal jou liefde my minder raak.

Al sou jy weer terugkom om by my te lê
sal ek die deur vir jou toemaak.

Ek bring vir jou ons kronkelpad
deurgetrap, uitgetrap.

My hart se saailand was braak gelê
omgeploeg met wat jy sê.

Jou voete het als broos geskaad,
net seerkryspore nagelaat.

Ek sit soms stil en luister
of ek jou kan hoor in die wind.
Maar wat maak dit saak
daar waar jy nou nuwe spore maak.

Ek soek nog steeds na jou liefde
as die donker om my vou.

Maar iemand anders
word nou deur jou beloftes geraak.

Annelize Swanepoel

Gebore te Beaufort- Wes. Haar liefde vir woorde begin vroeg waar sy stories skryf vir haar maats. Tog het sy eers in 2018 gedigte begin skryf. Haar inspirasie vind sy in die natuur en so ook die mense en dinge rondom haar. Haar gedigte is al in verskeie bundels opgeneem soos Reis deur 2020, Stap saam deur 2021, Genade Onbeskryflik Groot, Die Nuwe Era Groot Verseboek 2023, wat deur Malherbe Uitgewers uitgegee is.

15 Junie

Toe 'n swart veer engel jou kom haal
was die windjie koel en die bome kaal
jou lippe was koud en jou liggaam blou
blou soos wintervoete in die kou
maar ek het niks gevoel nie

die Nuweveldberg se wit kapok
was bloeisels vir jou kis
die grond deurdrenk van trane
die dag net dynsig mis
en ek, gebroke verlore

maar ek sou leef en lag
my holte vul met wyn
en in trane verdrink
jou Bybel was 'n aanklag
waar ek teen God murmureer

die skerp kant van Sy beitel
wat hervorm tot heil van die hart
word dinge beter... Nee!
maar eendag sal daar blomme groei
met hart, siel en sin.

Asemblom wense

In die skemer se kus
saggiesblaas soene oor die veld
asemblom sfere in die wind se fluister

Luna se vreugdevolle glimlag
wat silwervag waak
oor Dandelionwense in die donker

droomwakers van die nag
klein wenswatertjies wat wag
in vlug nog onbekend

drome en wense soos sterre
komeet in die hemel se boog
verlore en gevind.

Bewaar-engel

Toe die hemel jou huis word
was die botterblom nog enkel saad
in die Klein Karoo se winter veld

en die reën, ja die bitter reën
skitter diamante teen my venster
met simpatie van trane
wat stormloop oor my hart

maar 'n enkel sonstreep oor die water
komeet jou gouester skater
jy skyn deur my donker krake
en veilig my hawe
met veer vlerke.

Herfs

Vanoggend toe herfs
haar witwolk kopdoek
om ruwe randjies drapeer

omhels neffens strale
verlepte asters in my voortuin
dit is herfs en palette
van roes, rooi en bruin
warrel en waai oor my drumpel
blare, hul mooiste dae geleef
waar soel wasemhartjies
teen vensterrame druppel

my huis, my hart, my siel
die somer ween verniel
teen naakte Peerboom strate
Jakarandabootjies roei verlate
in leivore van die hart

die dood, ja die dood
wat ook net kom vat.

Karoo huisie

Here, ek vra nie veel nie
net 'n huisie teen 'n berg se blou
'n aalwynblom in my voortuin
en 'n maat se hand om vas te hou

'n plaasdam in die somer
en 'n kaggel teen die winterkou
saans sterre in die hemel
en soggens Luna se dou

Here, ek vra nie veel nie
net 'n tweevertrek geseën
'n Doverstoof wat vreedsaam knetter
en soms 'n bietjie reën

ongesteurde lafenis en siele rus
net beskeie huis langs die pad
'n windpomp wat soms luier
met vrede in sy hart.

My dae in Roos Villa

Wanneer ek na die Klein Karoo verlang
dink ek aan jou en Perskeboom se geel
sappige volryp vrugte wat somer hang
terwyl die wind deur die takke speel

'n bietjie Tiemie en Roosmaryn
varsgepluk uit my kruietuin
Kappertjies by die kraan
waar druppeltjies soms traan

die stoepsit en samesyn
vreugde gebottel in skaterlag
die soet geur van Jasmyn
waar die Suiderster verprag

en wanneer stormwind teen hortjiesruit
met lang verwagte reën bruiloffluit
juig Puperblomme vol lof en dank
aan 'n Bougainvillea se rank

stil was ons tyd 'n heelword heiligheid
'n welkom lente in vreugde vol weelde
met soveel dankbare dae geniet
in oomblikke geleef in liefde.

Silwerjare

Die woord menopouse
kom kleef aan my lyf
emosie soos herfsdae
storm en ween
in my binneste

stil het somer verby gegaan
nou loop ek katvoet
vir wisselende hormone
en vlamrooi hittegolwe
wat weerloos woed

en tog...halwe hallelujas
as trane my voete was
want 'n vrou se wese
sal nimmer vergaan
al kom silwerjare aan
mense en seisoene, jaarring en bome
hoeveel stukkies silwer vir jou drome
ja ek kan die winterdae proe
wat deur my hartsnare roer
maar my oë nog helder kandelare
al sit silwer in my hare.

Twee as een saamgevoeg

Jy skilder my mure
met geel sonneblomme
sê ek is 'n engel
en verklaar jou liefde
kaalvoet in die reën

ek voel veilig in jou arms
saans dans ons onder die sterre
en soggens soen die son my siel
jy roos my brose hart
met die mooi van die lewe

en uitgekaart lê seisoene
soos Namakwa blomme
met God se liefde en seën
soos Karoo glitterati
bokant 'n windpomp se ween

die maan 'n stil getuie
waar Katjiepiering
bruilofblomme strooi
twee as een saamgevoeg
onder die hemel se mooi
waar die son teen die horison
met nuwe drome vir ons wag.

Windklokkies

Ek dink aan jou
somer, son, saffier
die see se blou
seepampoentjies
die groen van jou oë
en skulpies se neonboë
sand, wier en gras
al die plekke waar ons was

die lewe...
soos dryfhout in die see
dit vorm en giet, sleur jou mee
net drifsels op 'n strand
nuut hervorm deur kunstige hand

nylonstringe skulpies
my dankbare trane
wind klingel verlange.

Winter in Beaufort-Wes

Ek is lus vir Milo
met Marshmallows
wat bo-op dryf
my hart smag na son
somer en sonneblomme
die winter kruip koue voete
teen my lyf

die dag mistroostig
teen die Nuweveldberge
en my woorde soek vrede
tussen kil populierbome
wat wit werwel been
teen die skuinste ween

Hillside lê verweer teen die spoorlyn

bekende gesigte het almal verdwyn
dalk dood of afgetree
in 'n huisie by die see
Helo straatligte
skyn buiteruim sfere
eenkant staan 'n roepman
wat na siele roep
die dood, ja die dood
eenkant snel die hemeltrein voort.

Lorette Szikra

Gebore in 1969 in Pretoria. Sy het later jare die stadsliggies vir die vars lug van die Laeveld verruil. Sedert sy kan onthou, was sy 'n kuns- en boekwurm. Om te skep en te skryf is vir haar 'n uitlaatklep en gee vir haar vrede en perspektief. Loretta skryf nie net oor haar eie ervaringe nie maar vir die aan wie se harte sy kan raak. "Dit is 'n passie wat ek moet leef; dit laat my as skrywer lewe en leef in my". As sy 'n stem kan wees vir iemand wat seer het, of kan raakslaan met haar pen waar dit 'n impak kan maak, dan dien sy haar doel in die samelewing.

En toe moes ek weer skryf

Jou woorde het my betower
en my winterhart kom warm vryf
ek wou lag en sing en dans
en meteens moes ek weer skryf
oor sonskyn en koperduine
en geheime van die see
oor hoe die herfswind se asem
lewe aan die hawerlande gee
oor Namakwaland se blomtapyt
wat ek wil uitrol voor jou deur
en karige blombossies
wat op Karbonkelberg floreer.
Jou liefde het my hart verower
en skielik kon ek weer skryf
oor die sekelmaan se towergang
en jou hande op my lyf.

Winterfront

Jy kom roep my nie meer
om saam jou te aanskou
as die weerlig dramaties
tussen die randjies bokspring nie
ek gaan soek jou nie meer

om langs my te kom staan
wanneer die sekelmaan versluierd
agter die wolke uitklim nie
ons hou nie meer hande vas
as ons saans gaan slaap nie
en voel nooit meer die galopklop
van ons harte teen mekaar nie
jy omarm my nie meer
deur stille winternagte nie
en nooit as te nimmer
hoor ons mekaar meer lag nie
want, mettertyd het ons kilheid
in 'n skrilkoud winterfront ontaard.

Voor jy ontwaak

Ek wil saam met jou beleef
hoe die nag haar awendskleed
sag oor die hemelboog sleep
voor sy ure later
in 'n stille trans
met die melkweg se oorblyfsels
in 'n glimmergloed heengaan,
net voor 'n nuwe dag
die nanag se stiltes
donssag binneval
om die voëltjies met klokslag
uit hul vere-slaap te haal.
Ek wil sien hoe die bye
hulself in die kelkblomme verloor
en luister hoe die bome
die wind se fluistering aanhoor.
Ek moet elke nuwe môregloed
in die jou arms begroet,
sodra die nagaap
se verlangsiektjank
in die rotsklowe wegraak
terwyl jou warm asem
my menswees lawe
waar jy luilekker langs my

uit jou sluimerslaap ontwaak.

Drie skepe het jou meegevoer

Omdat jy onder seile gaan
om jou sorge te verdrink
op Drie Skepe vêrweg hiervandaan
waar drank se mag jou wil verslaan
tot jou sinne sleeptong hinke-pink
omdat jy onder seile gaan
oorrompel deur 'n spotbestaan
wat na whiskeywalms stink
op Drie Skepe vêrweg hiervandaan
tot jou weë newelagtig taan
soos jy in misnoeë versink
omdat jy onder seile gaan
daar, waar g'n nugter siel verstaan
hoe jy dóp na dóp op die rotse skink
op Drie Skepe vêrweg hiervandaan
sal liefde jou opslag teëgaan
soos jy respek volstrek vermink
omdat jy onder seile gaan
op Drie Skepe vêrweg hiervandaan.

As ek kon

As ek kon sou ek vir jou
die wolke voor die son wegskuif
en jou eensaamheid die dieptes
van die oseaan indryf
ek sou jou hartseer vang
en aan 'n vlinderbos ophang
waar dit sal uitdroog in die son
en met die winterbries heengaan
ek sou vir jou 'n nagtegaal
uit die oewerbos loop haal
en dit loslaat in jou hart;
waar dit dag en nag sal sing oor liefde
waarin jy kan volhard.

As die laaste dolos draai

Vanuit rimpelhande
tuimel versteende bene
oor 'n bokvelmatjie neer
wyl die Inyanga se goëlgesange
teen die hange
van Mapochsberg uitbeur
daar, waar 'n vroeggebore baba
tussen dood en lewe draai
sal haar voorsate se geeste
die septer nogeens
in sý guns ook moet swaai
onder die awendster
se wakende oog
hou sy die klein lyfie
na die godestad omhoog
terwyl sy moederhart onwillig
in die vuur van noodlot brand
kleef die geur van moetie
brakbitter aan die nag
want vir háár
het die laaste dolos
gatoorkop
in die semelstof
geland.

Op vlerke van verbeelding

Ek vang my wense kleurvol vas
op 'n spierwit vel papier
met reënboogverf en skilderkwas
kan ek my wêreld mooi versier...
aan die some van my drome
fladder piepklein feetjies rond,
langs helder waterstrome
wei eenhorings spekvet gesond;
waar dwergies hulle woorde
in die towerwoud verloor
sodra die wind se fluisterlied

hulle hart en siel bekoor
wanneer die winterson vuurrooi
deur haelwit wolke bloei
en die maan saans prentjiemooi
deur my kamervenster gloei
in die velde om my lugkasteel
kan ek 'n nuwe wêreld bou
waar woelwaters nog in poele speel
net soos 'n kind mos daarvan hou.

Helaas ... die reënboogwaas!

Metdat sommiges
op hoë trone rondlê
leeglê, slaplê
en so gretig
aan die land
se binnevet
weglê,
word ander
voorgesê
afgesê
en hulle regte ontsê
terwyl hulle platgeslaan
moet bontstaan
om die vure dood te slaan
en toekyk hoe hulle erfreg
in 'n reënboogwaas vergaan.

Lente, somer, herfs en koebaai

Staccato note wip op en neer
luidrugtig van snaar tot snaar
vrolik geveer in E-majeur
om 'n blommefleur te openbaar
waar 'n tweede viool die oorhand het
in die klankhart van 'n strykkwartet.
In barokmelodieë vasgevang
word vier seisoene aangeklink
waar basklanke aan strykstokke hang

en tussen vioolkamme rinkink
in 'n melankoliese snarespel
wat van somer se herkoms vertel.
Gekamoefleer in F-majeur
bied herfs 'n strompel-druiwedans
om 'n goue oes te selebreer
in legato aanslag saamgeflans
nes óns seisoene wat binne my draai;
lente, somer, herfs en koebaai.

* Gebaseer op Die vier seisoene van Antonio Vivaldi.

Kwesbaar

Elke keer
as ek ontnugterd
onder die son uithol,
(om my kop in 'n gat te loop steek)
is dit jý, my lief,
wat jou vuiste
vir my vrese bol
en jouself
keer op keer
oor my disillusies wreek
terwyl jy die donker
rondom my inhibeer
al staan jyself
– kwesbaar –
in die wind
en stormweer.

Liefste vriendin

Ek het vandag jou vers gelees
en, behalwe vir die koue stiltes
en skaamte wat my soms ry
omdat ek so blatant skynheilig
nog onder dieselfde dak as hy bly
voel ek presies soos jy...

...vanoggend toe ek wakker word
het ek gewonder wat de donner
ek nog by hom soek
en of ek óóit lief was vir hom –
dalk wás of ís dit uit jammerte
maar, hy kry mý nie jammer nie!
Uit mag van die gewoonte
is ons net-net nog saam
seker omdat dit gemaklik is, (vir hom)
met my, op aandag voor die stoof
soos hóé dit 'n vrou mos betaam
en hy, met sy sitvlak
op die rusbank vasgeplak;
omdat hý konsuis die potte laat prut,
sý potte ja, nie myne nie,
want ek het nooit trou gesweer
om myself 'n leeftyd voor 'n stoof
vir 'n man af te sloof nie – vir wat?

Rika Tome

Gebore in Pretoria. Sy woon steeds in Pretoria. Sy is nie as skrywer of digter opgelei nie, maar gebruik haar omvattende mensekennis, asook haar eie lewenservaring (wat verskeie traumatiese gebeure insluit) om haar hart op papier weer te gee. Sy skryf en dig van jongs af maar het digkuns vir meer as 20 jaar laat vaar en het weer begin skryf in 2018. Sy hoop om mense met boodskappe in haar gedigte, te beïnvloed. Haar publikasies tot op hede sluit akademiese gevallestudies in, asook 'n berig in die koerant "The Star" oor verandering.

Sy skryf ook vlogs (waarvan twee reeds voltooi en ontwikkel is) om kernboodskappe, wat mense se menswees beïnvloed, weer te gee.

Jy word ...

Jy word, dit vat lank ...
dis 'n reis oor tyd
alles wat jy nie is nie, beitel af
jou skadu word rond
en jou hoeke gegrond
jou nie-wees word stof
en jou jy-wees 'n lig
ontplof in heelal, gegrond in gedig
jy breek stukke af, duidelik lyn
omhulsel gegrendel ontblote pyn
jy gooi die mantel van gister se skyn
jou donker draal dansend en word dan klein
jou gister gedagtes gelate verdwyn
en jou môres word rond
gedagtes terstond
en gletser dan glad in toekoms se mond.

Sielsuster

Jy luister aandagtig, sonder reageer
en kyk tot binne in my siel verweer
jou woorde volrond tuimel oor
en steek dan vas in sielestoor

jou antwoord brand refleksie glans
en vat my hand in geestesdans
jy's siele suster skaduwee
jy's hart se dans in al my weë
jy luister na my dink se klank
jy spoor my aan, jy's God se dank
jy's gister-aand se skaduspoor
jy's skouerpad se hart verloor
jy's nou se lig se helder dag
en toekomspad se sielemag
jy's gister, môre en vandag
my siele suster waarheidskrag
jou woorde val tot diep in my
jou trane-lag van saam gedy
jou humorsin en borrellag
jou sielstoor van God se mag
jy skulp my toe in elke dag
en vredestoor my laat se nag
jy is gestuur langs my verweef
jou twin-flame krag vir altyd sweef
jy laat my lag, jy laat my leef.

Mei

Mei syfer saggies deur wind se geswind
sy kierang katools vol somer se kind
sy fladder haar wimpers deur blare se reën
kruip katvoet weg vir seisoene geleen
sy pluk haar mantel vol herfsblare af
en gooi dan die wind in sirkels se kaf
sy fluit deur die bome haar deuntjie se draal
los dan daadwerklik die takke verdwaal
haar kleurvolle kleed kunstig drapeer
maak sy somer se groen gelate seer
sy ruk die stof in 'n rieldans rond
sy huil deur die veld se wonde terstond
sy gluur oor die kim van 'n skemer aand
en smyt dan haar lyf voor winter se maand.

Boek verpand

En haar siel bestaan uit boeke
met stof bedek, opgehoop
in hoekies van haar hart
party se hoofstuk traan gespoor
ander dun van onthou se verloor
sy't vergeet van die in-die-donker hoek
en die name weleer vir altyd vervloek
perkament-papier onomwonde taal
praat soms teenstrydig ontbloot haar verhaal
soms stof sy 'n hoofstuk weer
soek tale in fynskrif vergete se seer
soms lint sy haar hoofstuk teen 'n ander vas
vergete verpak in 'n ander se tas
en soms verhaal sy haar eie wond
van gister se gletser wat glad in haar mond.

Kruispad

Wie stap saam oor haar brug van vrees
haar worstelend woeker wanhopige lees
sy steek langs jou oseane oor
en vat jou hand langs gister se spoor
jy kierang haar trou terstond omhul
verdraaide vrede verwoestend gekul
jou woorde gefluister haar rug gewond
haar trane loop sysag af langs haar mond
sy kruispad gekies draai saggies om
laat val haar hart teen skadu's wat stom
haar stem stil keuses kies ander se naam
en saggies verwoord sy: "party loop saam
wyl ander verwese alleen bly staan".

Ewewig

Here, maak my opreg en moedig en sag
strooi my pad met blinkers
om my pad terug te vind van die passie vlieër bo my
help my om my brandryplank te balanseer

op stormwater-weë
met grense om soms te help met nee
sodat my beker vol kan bly
om te oorstroom in ander s'n
maak my standvastig en getrou
om my waardes te bly behou
my rots nie op klatergoud te bou
en alles wat nie warm is maar lou
vleuel my keuses wyd maar hou my paadjie nou
vir fokus se mylpaal van altyd getrou
my oë opwaarts wyl my voete klou
aan gebeitelde pad wat my doel behou
my seer laat heelword my oë laat onthou
en die wydheid van ander se prentjies beskou.

Heler

Vind my siel gebreekte deel
agter hoogste muur geëts,
wat agterlangs trauma flets
ek steek jou weg in my gedig
jy kyk verby vergete sig
kom saam, praat duisend uur oor niks
verander in miljoene iets
bekende siel reïnkarnasie dans
jou duidelik siel gebreekte lans
vinnig in intiem verval
en sedertdien net nooit herstel
geweet gebreekte lanse val
tot siel se stof in heksedal
jy soek sielerus
en ek, gekruis, verdeelde kus
chaoties siel gebore reën
geneser sagte sterre seën
hart verdeelde veilig hou
van God geleen jou gister trou
wys jou dele wat jy haat
dat jy kan leer deur diepte waad
laat jou siel chaoties wees
skep vormend klank op nuwe lees

'n dansend ster se koepelklank
lig wat skyn deur hande dank
deurdink deurdagte denke skyn
gerigte doel se buitelyn.

Alleen

Alleen stap saam deur Sondag se laan
dit kronkel en vleg deur Kersfees se baan
dit kruip kunstig weg in geboortedag reg
en raas balhorig valentynsvreugde weg
dit sluip stadig deur Moedersdag lig
en los sy spoor laat Vadersdag swig
dit sleep deur Paasfees se stille nag
en blou dan wanhopig deur oujaar se wag
dit straal dan luidkeels nuwe jaar in
en steel die vrede van 'n nuwe begin.

Grasie

Die dae loop skuins teen my abakus raam
getelde gedagtes gevlek teen winter se maan
die wind worstel woedend met malaise se swart hond
gevleuelde as grys op gister se wond
sonstraal glans flou in winter se laan
my spore trap diep in verlore waan
doedelsak grasie teen skemer getaan
my boek se storie nooit afgerond
drome vervaag val skuins op die grond
en ek bely met my vergruisde mond
'n gedig van my gister verlede ontlont.

Refrein

Jou woord van wêrelde ontsluit
word terug gehou om te ontluik
in binnekring vergeet verslete vrees
van tip-top skans op bang se lees
hoe sal ons ooit jou *song* leer ken
van aanhou en oor begin se wen
jou hart se kuil vol leeuemoed

jou stem se sagte lewensgloed
vergetelheid verbyster deurnag-woed
as skans-verhaal van altyd boet
jou lig vermoë jaag donker weg
versteekte krag vergeefse reg
van storie se begin en nou
vir altyd lig van weer se wou
hoe het jou gees so bang se stoet
van vlees en bloed se afskeidsgroet
sal saam met jou oor en oor refrein
jou *song* geheim se immer pyn
basuin dit luid laat almal sien
weerklankend koor van net miskien
laat almal sien jou lig wat skyn
jou lied refrein se laaste lyn.

Anita van der Walt

Sy was van kleins af baie lief gewees vir lees. Stories, fotoverhale en gedigte. Dit was haar droom om te kon dig maar pogings wou net nie werk nie. Na haar dogter se dood het sy begin dig. Toe kon sy ook Totius se woorde verstaan, om te kan dig kom uit die hart.

Toe kinders net kinders was

Kan jy nog onthou
hoe ons as kinders kon speel
ons speelgoed met mekaar gedeel
smôrens vroeg tot laat aand buite gespeel

het jy vergeet
hoe om 'n kleilat te gooi?
waar dit tref was dit bloedrooi
en gebrand soos vuur

Sondagmiddag na kerk
gelê op die grasperk
die wolke se vorms bekyk
so ons verbeelding verryk

saans het ons almal saam
om die etenstafel gesit
en na boekevat het pa en ma
hul planne vir die volgende dag beraam

en ons?
Ons was net kinders.

Kop of stert

Die son verdwyn skaam agter die berg
en die nag vou ons in donkerte toe
'n lig die het verdwyn

in 'n oomblik weggekwyn
warm rojale strale
streel nie meer
nou sit ek hier en wonder
wie is jy nou?
jy wat jouself so sterk voor hou
kop?
maar dan
in 'n oomblik van tyd
stert!

'n Asem lank

Jou winter se koud
abba 'n ysige wind
binne in my lewe
en in hul drafstap
dwarrel my blare na benede
laat my keurige versorgde bome heel kaal
met ysige vlokkies sneeu
dans jy met my hart ligvoets vry
ingeruil immer groen warmte
vir spierwit opgewasemde ruite
so vind ek
bibberend koue harte
is net 'n asem lank
ridders met leeuemoed
bring warmte vir my.

Dood

Die dood moet jy nie betreur
volgens die woord
maar Heer, hoekom dan die seer?
ek baklei daarteen my Heer
maar diep-diep binne my
bloei my hart
swart verlange bloed
want die dood het net kom haal
sonder om my te vra

nie eers 'n afskeidsgroet
'n mooiloop wees soet
net die lui van my foon
middernag se kant
jou mamma is dood.

Gebreekte glas

'n Volmaakte gemaakte kristalglas
fyn en broos in jou hand
glinster skitterblink in die son se lig
en jy - jy kon daaruit drink
soveel keer as jy wil
maar dan eendag op 'n donker reëndag
met jou hande sopnat
laat jy die glas val
flenters by jou voete
splinters dofblink lê nou verstrooi
met druppeltjies water daaromheen gegooi.

'n Kragtige wapen

In die grot van my mond
lê 'n tweesnydende swaard
altyd gereed en vlymskerp
waardig maar ook verwaand
vir my sal jy jou stories vertel
eenkant is troos
anderkant geniepsig en boos
soet of sout mag ek geniet
maar jou hoogmoed is suur en bring verdriet
o my tong wanneer gaan jy leer
woorde kan bou of maak net seer.

Afdraai paaie

Afdraai paaie het my uitverkoop
weggedraai en verraai
my oë verdor
my laaste asem sug

as my voete verdwaal
my bene my nie meer kan dra
die gewig van my hart swaar
en my mond dors is

sal jou liefde my asem kan terug gee
jou hande my hart kan lig maak
omgee my oë weer natmaak
en my voete kan terug bring.

Soek

Het jy al ooit gevoel
jy is net weg
jouself gesoek
in kaste vol geraamtes
net doodsbeendere
met geen lewe

het jy al ooit gevind
jou siel is weggewaai deur die wind
dwarrel en draai soos 'n tolbos
waai na wie weet waar
niemand om te keer
uitgeput met geen stop

het jy jouself al opgespoor
in die doolhof van jou gemoed
se pikswart gang
lamlendig en bang
soekend na 'n deur.

My huis

Ek soek 'n huis
beplan met liefde
gebou in warmte
met omgee omhein

vir my huis 'n tuin
met blomme gegeur
baldadig ingekleur
koelteboom vir die warm weer.

Verlede

'n Troebel verlede versper haar vrede
duiwels wou haar vasketting in die hel
gruwels se vuil huis
en een mooi sonskyn dag het lig gekom
vir haar siel vryheid gebring
gekoop met bloed aan die kruis
vir haar oorwinning gegee.

Tertius van Heerden

Gebore op die derde Desember 1962 in Colesberg. Hy was 'n baie stil en teruggetrokke kind en het skoolgaan met 'n passie verafsku, maar was op sy manier gelukkig. Hy het eers op vyfjarige ouderdom begin praat, tog mense se lyftaal van kindwees af dopgehou. Hy het eers in sy vyftiger jare begin dig en geniet dit verskriklik baie. Sy vrou en vier kinders is die grootste deel en mooiste gawe, as geskenke in sy lewe. Vandag kom hy maklik met mense oor die weg en hou daarvan om sosiaal te verkeer.

Liefdeslied

Jou hunker na my maak my heel
vorm musieknote in my are
soos emosies binne streel
jou hees stem wat my dartelend nader
soos roesbruin herfsblare
en euforie bring
met branderskuim wat soos ballerinas die seeverhoog deel
sterk soos gimnaste se veerkragte
wil dan ons hande
met tyd se goud verbind
as liefdessap pars
jy rein, weerloos en vars
neem my op 'n wolkereënboog
waar bries my omhels
en son my hare droog
'n liefde soos koorsdrome
wat brand in purper lawastrome
dan swyg die see
as tutu's van ivoorgolwe
oulaas op die standverhoog buig
en liefdesdoepa my na benede suig.

Raping van my sielsgenoot

As liefde soos gisters verdwyn
in die swart braak van pyn
oor jou wat wasbleek rus
huilend lê my siel in fetus
dik bedek met spierwit sneeu
in die winterkamer van my hart
delwend na tralies se sleutel
terwyl seer rasper so koud en hard
want suurreën kus my siel se smart
wat edel na verlossing bedel
om verbreking van vloek se swart
angs wurg my keel
my lag gesteel
wil jou streel
ek roep en skree
sekondes tik tree vir tree
dan hoor jy stilte se somber huil
hunkerend na liefde en beskerming
by wie gaan ek skuil
dowwe oë starend na 'n eindbestemming.

Verdwaalde hart

As son jou uit swart roet kom haal
met draaikolk verdoemende drange
weerkaats weerlose oë
vol vraende verlange
so ontbloot
onbeskerm
net kaal
ek sien jou trane
wat nie genees
vasgevang in spinneraklane
'n worstelende gees
tas beangs in maanlig rond
soekend
met krampagtige krom vingers
krappend aan jou wenende wond

smagtend roep jy na more se oorlewing
dat somer vir winter moet kom haal
en lente na jou voorstoep bring
waar jy liefde in oorvloed kan onthaal.

Vergifnis

Trane vol van see se sout
spoeg pyn oor wit rolbranders
hamer golwe teen my bors
my kleur en geur uit lewe gesteel
as seerskuim in vlokkies bars
en hartskamers stuk, stuk martel
my huil weergalm van berge af
toe asemnood my hygend straf
kettings breek en skakels knars
moet alleen nou verder wandel
strompelend in 'n eenrigting straat
vol rowe soos 'n grondpad geskraap
kan jy my trane om vergifnis sien
niks maak sin
wil weer jou liefde verdien
en verewig bemin.

Verlange na jou

In nag se laning
as ek na jou fluister verlang
smag ek na jou vlinderwimpers teen my wang
broos vol verlange se versugting
toe reënboë jou na my arms bring
hare wapperend soos kunswerke
met lentewind se liefkoos
neurie boomtoppe liefdesballades
oor goue wolkvlerke
bring nektar na my lippe
'n dans vol liefdesspel
wat sprokies vorm
en in my skatkamer bewaar
geluk bollemakiesie in sirkels vol baljaar

toe jasmyn my lippe groet
gee suurstof in my bloed
intiem onder wolkerige maan
rondomtalie in sy baan.

Johan van Staden

Gebore in Usakos, Namibië. Sy liefde vir skryf het ontstaan op skool waar hy homself kon uitleef in die skryf van opstelle en gedigte, poësie was veral vir hom 'n passie en deel van 'n unieke kuns wat hy met die jare self ontwikkel het.

Buite egtelik

Buite egtelik
het hul die bordjie om jou nek gehang
verworpe
verlate
verstote
snikkend onverstaanbaar het jou hart geween

die lewe het jou onregverdig uitmekaar gepluk
waar sou jy jou vaste rots vind
jou wortels kon ingrawe
'n eie plekkie vind
waar sal jy hoort
wanneer tuis sy tassie pak

swaarkry by jou kom nesmaak
'n stukkend gebreekte hart
'n swaar gelaaide gemoed
genade ontbreek
met wie sal jy jou hart deel
kan iemand ooit verstaan

langs die pad 'n ontmoeting met Hom
jou lewe sinvol vul

'n plek van hoort
in Sy hart Sy seun kan noem
blydskap jou vul
'n belofte van 'n hemel huis

dra jy nou jou Vader se woord
dat die ganse mensdom ook iewers kan hoort
word hul deur Sy woord bevry
saam met jou as nuutgevonde familie kan bly
soos die Heer voorsien aan drank en spys
Hom saam kan prys.

Herfs

Dans jy jou laaste dans
in jou herfs rokkie gedrapeer
glans jou eie skoene soos die oggendster
die winter jou nagtegaal stem hoor

nader al nader kom die winter aangewals
soos 'n pronk prins in sy manel
die ontmoeting in jul oë
'n nostalgie gebore

vou jy haar toe met jou wit gewaad
'n hele seisoen op haar gewag
dra jul elkeen jul eie prag.

Het jy ook 'n arend in jou hart

Het jy ook 'n arend in jou hart
klou jy my siel vas
neem jy my na nuwe hoogtes
daar waar die wind ons liefde kan dra

sprei jy jou vleuels oor my
maak jy jou boesem my kussing
sodat die ritme van jou hart my wegvoer
jy gee my nuwe lewenskrag

met jou positiewe uitkyk op die wêreld
dra jy my gemoed deur
bring jy my berusting
'n soort van kalmte

waar ek voel ek hoort
jy is my enigste my soort.

Hy is die Geneser

Jy monster wat my keel toedruk
niks na binne kan gly
besit neem van my sluk
trane vloei soms vry

jaag hierdie ding my dag vir dag
stryd op stryd my daaglikse leef
slegte drome in die nag
wil die dood my kom vaskleef

deur 'n hoopvolle gebed
die Heer by my sy
my uit hierdie ding se kloue gered
genesing uit Sy hand het my bevry

alle eer kom Hom toe
Hy is werklik die groot Geneser
red Hy jou deur alles en hoe
Hy bly redder.

Kan ek deur jou oë kyk

Kan ek deur jou oë kyk tot in jou siel
seisoene dans in my hart
jou binneste verskans soos 'n spieël
het weerloosheid jou 'n muur laat bou
is jy persoon onbereikbaar
hoe kan ek jou hart se bladsye oopvou

dra tyd nie alleen sy eie gewaad
het trauma sy spore diep in jou binneste getrap

ek wil vir jou 'n salwing wees wil jy my net eenkeer toelaat

ek wil jou na 'n prinses ombou
jou diep in my arms vashou.

Sy dra hul in haar hart

Stille dae bly sy in gebed
in stille gesprek met haar Heer
sal sy haar kinders elke keer opdra
die Heer vir beskerming oor hul vra

sy dra hul in haar hart
wens vir elkeen 'n goeie dag
maak nie saak wat haar kind doen
sy sal altyd met hom versoen

kinders elkeen op sy eie pad
sal sy haar ure verlang
min tyd vir haar dag
elke dag vir hul ontmoeting wag.

Vlindersag

Vlindersag het jy spore op my kom trap
meteens my lewe binne gestap
feetjiesag het jy my hart vasgegryp
my liefde soos 'n diamant geslyp

jy borduur my lewe met jou hart
met jou kan die lewenstorms maar tart
jou skoonheid dryf tot in my siel 'n pad
jy kan my maar vir jou vat

al is jy baie skaam
skryf jy op my hart se deure jou naam
sou jy dan vind
jy kom aangewaai met die liefdeswind.

Elmarie van Wyngaardt

Gebore in die Vrystaat maar sy het groot geword in die wye vlaktes van die ou Wes Transvaal. Sy het Verpleegkunde studeer in Pretoria maar skryf was nog altyd haar passie. Sy skryf gedigte vir al haar hartsmense. Haar droom is om binnekort haar eie bundel te kan uitgee. Haar inspirasie is die natuur en met die Taal monument net om die draai van waar sy woon is dit maklik om vuriglik te bly. Haar anker is in haar almagtige God, wat ook hierdie skryf talent aan haar toevertrou het.

As mooi te diep word...

Diep-mooi het die Here dogtertjies gemaak
dis asof Hy wou
dat ons baie aan Sy sag moet raak

word díe mooi te diep
loop daar 'n traan
want Hy verstaan
dat die vreugde van als wat ons harte voel
iewers
móét uitspoel!

Hart se Skipskop

Kassiesbaai - wit lê die afgedopte vissershuisies
hier lê ons Skipskop-geraamtes weggebêre in 'n versplinterde kas
jy pak jou goedjies op
met jou David Kramer-rooi-vellies aan
jy sê jou eie vaarwel
daar waar Waenhuiskrans se branders oor jou seergoed breek

daar is hartseinas wat nét jy en jou Here van weet
soms snik jou hart ook...
pak op
pak op
pak al jou goedjies op jou kop

môre gaan ek weg
ver-ver van hiér af weg

daar is 'n koebaai-sê
wat jou hart weet...eintlik 'n SOS-sein uitstuur
want soms is totsiens
ek wil jou nóóit ooit
weer sien!

elke hart het sy eie Skipskop
daar waar die seer jou voelribbes stukkend skop
dis 'n seer wat altyd in jou agterbly
en als wat jy oor liefde geglo het kom omdop!

Herfs in Hoofletters

Ek stuur vir jou op 'n kapkar
die sak met saad van Boerneef se Woeperdal
en bid dat die berggans ook vir jou 'n veer sal laat val
dat jy jou hart sy sê kan sê

terwyl jy nog 'n rukkie in herfs se lane mymer
waar om díe saad in jou hartstuin te plant
kom val die eerste voor-winterreëns in jou kontrei
om die grond vir jou manier van liefhê voor te berei

as die Here in Hoofletters met jou hart wil praat
kom Hy in al herfs se nuanses
om jou voel te kom aanraak
daar waar die afgevalde blare onder jou voete kraak
buk jy om jou Abba Vader
se liefhê te ruik
en een blaar te bêre in 'n hoopkruik.

Karoo bioskoop

Die grootste bioskoopskerm in die heelal
het onse Skepper in die Karoonagte se wyd gespan
hier is sterrekyk verniet
daar in die oneindige stil kom elke hart weer tot rus

Hy weet van elke hart se kar
wat al ooit geparkeer was
onder die oneindigheid van die Karoomelkweg
Hy stuur Sy vrede en vreugde
om in ons harte te kom lepellê

die Karoonag is 'n bioskoop waar geen kaartjies verkoop word
jy mag nag na nag onder die Karoo-uitspansel gaan wag
daar waar die sterretjies se lippies
lofsange vir hul Skepper sing
en ons harte se glo
met Karoostewels na môre en oormôre loop
om ons Karoo-bioskoop se stories te gaan oorvertel.

Liefde...

As ek liefde sou kon optel
dit dan vermenigvuldig en by die somtotaal uitkom
sal dit stééds niks vertel
van die wydte
dieptes en oweral
van dit wat in 'n ma se hart
waterval!

Maanlopertjie

Die kers gooi flikkers vir die maan
stadig draai hy sy kop
hy knipoog vir die kers
voor hy in geelslaapsokkies wegsluip

my oupie lees vir ons uit Job
ek hoor dat God se liefde vir ons nóóit stop
oupie vat oumie se hand
hy bid so opreg dat traantjies in my ogies brand

later met die kers uitgeblaas kom lê
díe liefdesgeur van iewers behoort
in my dogtertjie-kleine-skoot

dis asof die maan
met Sy sagte liefhê
met duisendpootspoortjies oor my hart kom loop.

Sonsak ode vir die see

Die branders kom strand toe
die dag slenter weg
die see bly met die laaste stukkie van die son
in sy arms staan

die vroegnag hang in geel, appelkoos en framboos
die hart word stil
trek sy skoene uit en kniel op die nat seesand om te bid
die skuim van die branders
skuif dit wat jy voel na die diep see
daar wag Jesus reeds
om oor jou lewensskuitjie wag te hou

jy kyk verwonderd hóé die Here vir jou briefies
in die seesand skryf
die seeskuim klots oor die letters voor dit verdwyn
jy hak in by die nag wat oor die huisie hurk
onse Skepper se liefde dans in die seeperdjie- branders
wat oor jou voete bly uitspoel
en jy, jy skryf 'n ode vir jou God
oor alles wat jou hart voel!

Blou stroopblikkies

By Noordhoek se strand
hurk 'n kaal gestroopte boom teen 'n eensame sandduin
dis hier waar mense diep ingedagte
met hul voor- winter- mymeringe gaan loop

daar is 'n blou wat aan alles bly klou
elke hart het sy eie weemoed-kaleidoskoop
wie ook al gesê dat 'n siel se stroop net goud kan wees
was nog nooit by Noordhoek
as 'n Sondag jou onthou in sout

oor jou wange laat loop

drentel jy jou ooit in die herfs op Noordhoek se strand
sal jy sien dat onse Here
het al jou hart se verlang
   in   blou stroopblikkies   opgevang
in Sy liefde- blikkantien
word jou lewe se stroop nou die goue randjie
om die mense op jou pad se donker wolke.

'n Middernagtrein se hooglied

Die middernagtrein het teen die môreson se bult
uit geklikke-klikke-klak-klak
deur sy neus het hy donkerswart roet uitgeblaas
die pad huis toe het afdraande geloop
hy kon sy hart se pennies uitpak op díe spoor

iewers in die nag
het die mense wat op die middernagtrein se tuiskoms wag
hul hartvensters oopgeskuif
en die swart roet van sy liefde geruik

die broos-sagte geur van sy lief
as sy vir hom sy môrekoffie skink
het sy stoomhart woes laat klop
die baie nagte weg van haar
kon die liefde wat hy vir haar voel
nie laat bedaar

met 'n vuur in sy hart
het hy haar in sy arms gevat
die maan het skelmpies gekoekeloer
hoe liefhê 'n man kan ontroer
rooiwang het die nag bly hang
hy sy lief se na- nag notas begin lees
sy hart het hom vertel
dat sy hom bemin soos 'n hoogliedvrou.

Blomme roomyshorinkies

Op suiker-roomyshorinkies
skep ek vir jou hompe roomys
dis in die kleure en geure van al jou gunsteling blomme...
magrietjies, papawers en outydse ouma- angeliere
díe roomys proe na gister onthou

vir ver langs die see gaan slenter
skep ek vir jou drie skeppies vergeet- my- nietjies
want op 'n perfekte Kaapse dag
moet als wat blou is in jou hart bly lê

die roomyshorinkies vol roosgeure en kleure
eet ons stadiger
want sommige herinnerings wil jy lekkie-vir-lekkie waardeer
voor jy dit wegbêre

ek sal altyd laventel- kleur roomys kies
blou *smarties* vra wat soos vreugde-reëndruppels op my tong kan piets
ek koop vir jou die blomroomys wat jy kies
daar by die kafeetjie wat uitkyk oor die Strand

soos ons drentel al langs die branders se soom
bedel Tafelberg 'n happie van ons blomgeur- roomys
die geur van die sonskyndag
word die geel van madeliefies
wat in druppels oor ons siel se voete drup.

Arnold van Zyl

Sy penwortel vir sy skone Moedertaal spruit uit die dorre plattelandse aardkors van die vorige eeu. Dis hier aan die silwer lyne van sy lewenskrag waar sy gedagtegang en wese ontwaak. Dis 'n rondomtalie van alfabet letters en woordbou-aispaai. Al die ongebore woorde wedywer om die lewenslig te sien. Met 'n wil en woorde nie te min, vloei woorde, frases en sinne haastig en vlytig deur verstand en hand om op papier te ets. Dis hier waar uniekheid van woorde begin bloei het. Hy het in 2008 begin skryf. *Ominous Lunar Eclipse* is in 2019 deur Malherbe Uitgewers gepubliseer en is die vertaling van Onheilspellende Maansverduistering wat in 2013 by Malherbe Uitgewers die lig gesien het. Daar is nege ongepubliseerde boeke, waarvan twee op FB sosiale blad geplaas is. Waar die Melkweg vir Middernag sit 2014. Jou paradys se woordeskat 2017. Daar is baie van sy gedigte en kortverhale in saamgestelde bundels.

Tyd in stille gang

Ek soek langs die sluise van die reën
die varsheid uit transparante suurstof
'n aard woning getooi met lowergroen
en môrestond se ontwaak uit die nanag

aan wilgers se stywe lat vingerpunte
waar rooi eik en seder jolig saam sing
voëlgesang wat die soel bries ontwaak
'n unieke tuiste se afets in eie silhoeët

my vensterraam beslaan met vlees
en deurkosyn met geweefde spiere
skanse gelouter uit suiwer somers
hier oornag ek onder kleurryke sluier.

Mistieke proklamasie

Soms net soms woel hy met halwe gedagtes
in sy storie-arsenaal vertoef letter broeisels
party word doodgebore, ander half vermink
elke volmaakte dag het sy eie unieke stryd

'n half verstane mens se woord-erts-riwwe
lê diep verborge tussen sy karakter en syn
om te verstaan, is om daar diep te kom delf
tussen proklamasie en sy mistieke siel-kors

al lyk sy verweerde uiterlike soos 'n dor rosyn
gekasty deur wind en ongure lewenswandel
al is dit vergeel of gekreukel deur tyd erosie
skuil tog stories in verroeste geheue-blaaie.

Volstrek g'n dros

'n Gevoel van verruklike sensasie
vloei deur die engte van my are
sonder enige wroeging anargie
wortels deurvleg tot droë blare

hier digby valleie en kronkel oewers
lê alles soewerein in tydlose grense
my tuiste broos by dowwe flikker kers
eerder hier enkel, geanker in eie wese

wyl gedonder van weerlig en blitse
sweef oor dor gebakte aardkors
wuif rustelose wind oor vaal vlaktes
al gaan dit broekskeur, als behalwe dros

in 'n gevoel van verruklike sensasie
bloei harmonie in volle glorie.

Verbande woorde

Kom maak 'n draai in hierdie onkruid tuin
waar krulstert-woorde wuif deur suidooster
kruie-stories fluister deur drade en op papier

kom spioeneer in hierdie knapsakkerwel akker
gedagtes wat swenk tussen enkel en dubbel lyne
dis beskeie kreatiwiteit en aktivisme wat koaliseer

geweegde woorde is meer as ongeskrewe letters
woord fluistering swerf soms ongemerk tussen ore
wandel hier saam op braakland blanko spasies

kom maak hier 'n draai agter vergete-erosie-heuning
dis vergete woorde tussen geheue en brein-arsenale
hier lê die woorde tussen embrio en eerste aanskouing

elke woord geweef tussen oorpeins en hand
dis my kruie-onkruid-storie ... uitgekerf op papier.

Hul smeek nie

Ken jy daardie dor karbonkels wat fel groei
soos mos op 'n bar boombas sonder gevoel
hul is fyngevoelig soos daardie liddorings
hul praat nie, hul smeek nie, hulle is net...

dis nie 'n lot nie, dis swaarde van venyn
wat kloof sonder enige bloed vloeiing
dis daardie stille en kille aansyn van jou
wat my oë waarneem sonder dat jy dit merk

dis 'n mag spel tussen twee wederstrewige pole
nie een gee bes ... nie een leer uit hierdie les
so vertroetel elk daardie verdrietige karbonkels
en blom bloeisel saad wat wag vir volgende akker.

My en jou opinie

Mense fluister net wat hulle wil
en daardie luister bly vir ewig
ongeag die oorspronklike berig

en daar bars my eer en woord
wat in elke windrigting spat
het ek 'n opinie solank dit jou pas

maklik sit jy 'n mens
op die verkeerde plek
in mense se gedagtes.

Fyn-woorde

As jou voete met die verkeerde intensie
onder die warm lou bont laken uitkruip
bewaar jou woorde in hul skatkamer

daar buite is fyn-woord-skerpskutters
hul sal jou karakter laer stel as slang-skadu
dat jy nie jou eie bedrieglike spore sal vind

bewaar jou siel en hart teen eie waan
dat jy die goeie in die lewe kan smaak
al ken jy dit van geen kant af.

Versinkte spore

My sondige spore lê verbar
oor onskuldige mense harte
gewis, dit laat 'n mens dink nè!

Wys my die poel van genade water
dat ek die verbarde klei spore
weer kan brei tot sagtheid

dat broosheid van mensliewendheid
'n besoek kan aflê sonder voorgee

aan delikate brose harte.

My lushof

Uit die rein veredelde Heilige Skrif
sewe maal gelouter uit vergange tye
waar dor gedagte hul honger stil

lê my onseker wankel spore
spruit my lente dae tot winter
hierdie is my lushof en heimat

menige spruite lê hier verdor
nie vêr van die Hoofstroom.

Skurwe skadu's

Vergeef en vergeet is 'n moeilike begrip...
hoe dikwels lê my gewete soos 'n slang
se stille krulle oor my geslote gedagtes

elke keer as dit roer na nuwe idees
gril my verstand onder skurwe skadu's
daardie seil trilling van die slu slang

'n unieke sensasie met oneindige gevolge
'n wêreld van adders tot kolossale anakondas
elkeen met sy eie hipnotisering op sy prooi

waaruit jy nie kan ontsnap
stadig wring en dring die rol aksie
elke bietjie weerstand uit jou wese.

Jaco Venter

Gebore te Harrismith, Grootgeword op die plaas Merindal naby Harrismith waar hy ook sy laerskool jare deurgebring het en eindelik in Bloemfontein Sentraal hoërskool gematrikuleer het. Oorspronklike Theologie-student aan die Universiteit OVS en later her Venter sy Diploma in Drama en Opera Gesang aan die Tshwane University of Arts ontvang. Na twee jare vertoef in London, Engeland, het hy sy Meesters in San Fransico *Conservatory of Music* in VSA afgesluit. Hy is sedert 1999 met opera sopraan Estelle Kruger getroud en leef met hul 18 jarige dogter Marish sedert 2001 in Duitsland as professionele Opera sangers.

Aan die skeppers van my menswees en die sieners van my wensgees

Tussen kaggelvlamme en bo die klank van spaans-kitaar
Roep my wese uit na Corneels-rivier se groen van wilgerblaar.

Wyl die Londen strate kners en kerm vol van wintersmart
Krys die aasvoëls met stomp snawels aan my hart.

Langs die kampvuur van eensame verlange
Sal herinneringe blinkend droogwoord op my wange.

Soos 'n amenlose dronklap aan-die-slaap-raak stomp gebed
Vou die wintersneeu die jaar nou in sy winterbed.

Bakterieë broeibak teenoor blinkmaakseep

Die waarheid is my kluis
En die hoeksteen van my huis,
maar daar's donker kelders en gemufte wyn
stink-vuil dreine met emalje skyn

ongeleesde vaalblad boeke, sleuteltjies van dol leë kaste
en geknipte name, om te raai,
van ou besoekersgaste
in 'n toegeroeste laai

Chaos Opera liefde

Jy's die A tot yster in my keel en long,
Die B tot Zink agter my tong
Jy's legato en staccato van diafragma stut
Sonder jou's my B mol en top G net klawers, swart en wit
Jy's die *"Fiori Bianchi"* en die *"Sangue Nero"*
In Puccini se *"Verismo"* en my Bariton se „*Vero*"
Jy's die rooi en swart en elke kleur wanneer my *Scarpia* aan sy bloed verstik
En die *"fine"* na my kromme *Rigoletto* rug se laaste snik

Jy's my einde se fluweel gordyn.

Ek is ses keer man

Vir julle is ek twee keer kleinseun,
Dankbaar, volle drie dekades lank.
Nog meer simpatiek en meer vol dank
As ooit is ek as seun
Vir jou vrugbaar moederskoot en warm bors.
Aggressief-onortodokse troue en jaloerse broer vir jou.
Man en vriend is ek vir jou my liefling vrou.
En vir jou ons kleine wonderwerk
Is ek eindelik volkome man en „Papa" sterk.

Gesin alheilig

Ja, ek glo in Jou o Vader
en o Moeder
Ek glo in Jou wat selfbewus, Jou Seun se veters knoop,
Jou Meisiekind met liefde doop
En saans Haar saggies in Haar kooi
Met konfetti liefdeswense en geluk bestrooi

Ja, ek glo in jou, o Dogter
en o Seun, familie stigter
Wat deur bloed moet vrugte dra en soms rebels met sweepslag
Woedend tafels smyt
En soms dan Christus-agtig sag
Met ma tesaam daai liefdeskruistog sluit

Ek glo in jou o heilig Jonge Maagd
Wat veilig binne jou familie saad
As surrogaat laat groei
En dan brullend weer jou skapies foei

Ek glo in jou o heilige Drie eenheid van Familie-wees

Heilig Kerk Mense werk

Jy met al jou antwoorde op als
Hoop het jy gebring en steeds, maar ook steeds vals
Vrae het jy in leemtes lug gelaat
En vir onseker skuiling was jy surrogaat

Ha le joe ja

Lam, gestrem van vrees het jy my daar gelaat in plaas van vry
In my domme jeug was al my passie altyd jy
Vasgevang, my lidmaatskap, nou in 'n goedkoop raam
Nou's ek oor my keuses en my vreugdes alles skaam

Ha le foe ja

Ja, jy was my heil'ge veil'ge vesting
Met jou eiers in my witduif nesting
Twyfel sonder bodem het jy nou geword
Net soos water in die stink drein van 'n stort

Ha le loe ja

Jou heil'ge hand in myne

Ons fontein gedeelde trane is een gees
Dis stikswart rondom my alleenwees
Net die helder lig van bo
skyn op ons... ook so
jou lippe fluister saggies in 'n trans jou diep geheime
jou geplooide skaterlag is myne

Kranse, klowe en kronkelpaaie

Hier het ek jou naam geskree
op vaalkop en op waterkop
my tempel het ek uitgetrap op kronkelweë
tussen oorhangkrans en proteas op die heuwel top

elke keer het jy geantwoord in basuin
spottend soms, maar in volle dreun
altyd was jou stem daar in 'n krans se kruin
my seuntjie-stem, maar met wysheid vol gesteun

hier is ek terug my kinder God
hier sit ek en ween, want ek't verlang
need'rig, woedend, soos 'n kokend, stink ou afval pot
vir die ware antwoord is ek bang.

Lyding is ons keuse ja, maar hoekom al die kinderpyn?
Ja, ek weet dat liefde net gemeet kan word met haat,
maar hoekom dan geweld en dofheid in 'n kind se oë skyn?
Jy't jou seun gestuur as kindermaat.

My stem is stil, jou stem is stil...
jou antwoord uit die bos van onder
speel-speel deur jou voëltjie prag se stemme skril:
"Luister, kyk, en glo, en hou op wonder!"

Die gras groen kloof is stil en wolke gooi die skadu's sag
skielik laat n ligstraal weer die dassies skarrel
net so sien ons swart en wit en dag en nag
vyf dimensies laat die wyse "scientists" quarrel.

Son bak warm en die bries koel af
simpel en eenvoudig heerlik wonderlik
elemente trap ons tjanke af en draf dit kaf
'n dassie wikkel, kiewiet fluit, tortel koer, gras stingeltjie roer stil...
wonderbaarlik heerlik.

Liefde ek en jy

Soos 'n vlieswolk kom en lê jy teen my manheid aan
oneroties rys my oggendgloed en jy verstaan
en uit daardie vreugdesspieëls van jou
verdamp 'n traan soos vroeë oggendson die dou
ek drink traan vir traan jou pyn
totdat al die hartseer uit jou oë kwyn
en net die vreugde bly
en liefde ... my en jou en ek en jy.

Mamma van ons Kalfie-kind

Uit haar mams se veilig' koelte, sag
in die wrede warm geswete nag
piep en skwiek ons krefie
en sy voel verlate in haar wrimmel lyfie.

Wanneer mams weer huis toe kom
na vele foongesprek, eensydig stom,
dan wag daar elke keer, in prag ontpop,
ontsnap, 'n krefie uit haar swaarkry dop.

Meesal mamma met moëlose medely,
somtyds snippig, sag, steeds sarkasties sonder sny,
altyd angstig, al aanmoedigend,
lieflik, liewend, laggend...

Kielie kielie krefie, koddig kriewel lyfie
voel vol veilig, vrou en wyfie
met haar mams, so maagd'lik mooi,
sug sy snorkies saggies as klaasvaak sy saadjies strooi
en die tweetjies sy aan sy die nag uitnooi
sonder oumensvel en sonder plooi.

Mikro Bio oplossing

162 jare lank het kinders 'n geloftespeletjie gespeel
angstig, ongeduldig het geslagte oplossings verbeel...

sienies en geduldig
het my broue net gelig...
skielik... hard en krities wreed beskuldig Sy die heidendom
nie een enk'le voorlaaier of bom
'n Wonderwerk...
en niemand nie verstom!

My Alfa, my Omega

Jy's my ewige begin
en was my skielik-onvoorspelbaar-welkom einde
een wat ek bemin
ek yl jou naam by dood al kwynde
en my weergeboort is jy in nuwe sin.

My skeppertjie is klein

Ek het wragtag-waar gedink
dat ek toe daar vir jou sou wees as jy 'n paps gesoek het en van mams se bors moes drink
toe die wêreld eindelik begin het
en jou asempie 'n liefdessmaak gekry het
toe jou mammatjie se melk-wit bors moes wag
om jou honger-dors te stil en jou laat smag
stom het ek gestaan soos n dwase gek
min het ek gemerk die een wat toe gebore word was ek.

Nag

Diep-diep in jou in o donker nag
verstik my pyn,
verdamp my hartseer trane
sal dit ooit verdwyn?

Nee!

Want die son sal op dit skyn
en die roof verdamp soos bitter wyn

maar nag... jy's so mooi,

jy's hier... donker, wyd en koud,
nugter, sensueel en amper vry...
al word ek oud
kom en bly by my?

Pappa se verjaarsdagwens

My kleine duifievlerk
pronk nou aan die skouers van 'n trotse tiener sterk.
my bokkielam so grasieus en jonk
laat die bul se hart vol trane pronk.
my *"Twinkle twinkle"* kleine skitterstêr
Word nou self 'n liggie onafhanklik soms en hartverskeurend vêr
my Versiekalf, nog altyd skugter-skaam.
Uit die koeltes van haar skuiltes kruip my koedoe-kind so pragtig asof in 'n raam.
My engelkind, jy's die ongelooflik wyse ene en die sterke
wat die gruwel-god soms toevou met jou vlerke.
My liefling kind, my wonderlike jong prinses
ek gun vir jou op vyftien en die res
dat jy nie net geluk en liefde sal beleef nie, ook 'n goeie porsie van sukses,
maar my wens vir jou: altyd vars en nuwe vrugtetee in jou lewensvles.

Paps se lief

My hartjietjie, my liefietjie
My versiekalf, my bokkielam
My duifievlerk, my vlindertjie
My engeltjie, my feetjietraan
My klein prinses, my hartedief
My volmaankind, my skitterster
My reënbogie in elke vreugdestraan
My hart se diepste seer
My hardste skaterlag
My meisiekind, my dogtertjie...

Ek is so verlief op jou!
Verlief! Verlief! Verlief!
ja
jongseun-blindelings-verlief!

Skuur jou nooit my mooi Diamant

Soveel klippies, wild geskuur en ongeslyp
Het jou en my na asems ons laat gryp.
Vir my is jy volkome kroondiamant,
ongeset en ongepand.
Elke klippie wat ons vir jou dra
het oneindig moontlikhede, maar, as jy, nog steeds veel minder vir jou pa.
Nou, aan jou my glinster-erts:
laat nooit iemand van jou wonderskone lawa-roet iets skerts!

Sneeu Smelt

Dis sneeuwit winter hier
en sonskyn somer daar
flikker vlakker vlokkies
spierwit sneeu
en knersig koud kom korrels klewend klam kaplak kaplaks
hier op my kop.

Flikker vlamme van verbrande varshout vuur
vreet vreet vreet van vroeg
volgulsig vleis, vraatsugtig vlees!

Waarheen is ons sonskyn dan?

'n helse hitte het in huwelik-,
in heidenhut haar heerskappy
hooggeheilig.

Stellie se sonsak sterre

Vandag het ek weereens gekyk
(maar jy was vêr...)
die skemer het na dag gelyk
jou skittersterre helder skoon geblink
(negeduisend myl entvêr)
binne my 'rinnerings gedink
jou skater ogies het so mooi geplooi
(amper onbereikbaar vêr)

nes daai dag vir ewigheid genooi.

Stom geslaan

Jy was ons opera engel gisteraand
nou's jy net 'n droom
wat wakker word, maar eers vanaand
soos wit Magnolias in Merinodal se boom
maar die wakker word verskyn
dan in die vreesaanjaende swart
van jou beklemde pyn
wat stom ons los, verward...!

Yin en Yang verlang

Ketel ketel fluit
Tarentale kletter fladder vlieg

treinspoor tikker tak
perdehoewe klakketeklak

water badwater vloei vars
corneelsrivier se walle bars

boemies vloek en skreeu tot middernag se draai
plaasvolk klets met hanekraai

trein se spore en die teerpad gloei in ewig lange dreuning
Merinodal se nag is suisend stil en my ore sing

San Fran is Amerika se "storm-en-drang"
ek verlang!

Verlief, Verward

Lê hier in my arms dat ek jou
kan soen en streel en hou
oneroties my gespanne oggendspier
teen jou vroulikheid kan skuur

as ek jou tog net kon liefhê elke dag
soos ons nou en altyd saam kan lag

skielik staan die wêreld stil
dis 2 uur in die oggend-kil
jy alleen beweeg en ek
in ons koppe dol verlief en gek

R.E.M klop vaagweg voor my kop
en eienaardig ook op FM by die stop.

Wonderwerk sonder kerk

My weergeboorte was geen lofprysing of salwing
ook geen jare meditasie of geen veertig dae woestyn oorlewing

skielik was jy daar
jou wese heilig, vatbaar waar
alwetend reeds
en dit is nog steeds

Spraakloos-stom soos Moses was ek nie
en in vreemde tale nie gespreek nie.
Al die ganse ware wysheid was net jy.
op my bors jou kaal klein lyfie styf teen my.
Jy's die Antwoord op my nuttelose voortbestaan
en die vrede in my woedende Tourette se waan.
Voor jou was ek vleis en klank
nou's ek blydskap en ek's dank
en net miskien maak ek tog bietjie sin.
Ja, die dwaasheid is net ek totdat ek poedelnaak daar staan voor my begin
en vasgevang is binne jou geboorteraam.
Ek sal, ja, so oud word soos ons twee se dae saam.

Wyse Weissbier Woorde

Watter wilde winde waai weer in die kalm koelte van my koggel-koggel kleinwees?
vonkel vars fonteintjie van my vrede, veilig en vervelig vaar jy voort
vaardig, vreemd vol fronse voor my kop
ooo die donker dreuning van my duister dieptes!
Drup die dood dalk daagliks duidelik deur die dolkdeurdrenkte daeraad???

Jessica Venter

Sy het as klein dogtertjie altyd sulke simpel gediggies geskryf maar die skryf gogga het so paar jaar terug behoorlik gebyt en nooit laat los nie. Na 'n hele paar skryf en digkursusse het sy baie verbeter en is skryf haar passie. Alhoewel haar tyd beperk is, knyp sy tog tyd daarvoor af. Met 16 Boeke agter haar naam, 'n hele paar gesamentlike bundels en twee digbundels, hoop sy Vader gee haar nog baie idees vir nog skryfwerk. Sy is sommer net 'n kaalvoet meisiekind, vol drome in haar hart wat op papier oorstroom, en met haar ink, kleur en woorde, sal sy haar bes doen om jou wêreld te geur.

Goudgeel genade

Pluk vir my die geel
van 'n sonneblom
en sprinkel sy goud
oor my seer gemoed

versier my verlange
met sy glimlag
my gesig aanbiddend gedraai
hemelwaarts

omvou my met sy vreugde
te midde van die lewenstorms
en drup sy goudgeel genade
oor elke kosbare onthou.

Skep vir my 'n tuiste

Skep vir my 'n tuiste
'n huis gevul met suikersoet kaneel
as die geur van ouma se melktert
deur die gange walm

skep vir my 'n tuiste
'n huis gegeur deur koffie
wat my hart knus omvou

met sy ryk aroma

skep vir my 'n tuiste
'n huis met geloof as anker
en gebed sy rigtingwyser
waar die kalmte
deur sy vensters vloei
met die duiwe
se vroegoggend koersang
oor sy kosyne streel
en vul sy kamers
met die mooiste seisoene

skep vir my 'n tuiste
'n huis waar die tuin se kleurskildery
God vereer
'n veilige plek
waar sy suiwer vrede
jou hartlik verwelkom
waar die hart van nostalgie
jou siel deurdrenk
en waar liefde
op sy voorstoep nesmaak.

Chaos oomblikke

In die brouspel momente
vrolik jul verspottigheid
elke dag op
en met jul stil knuffels*
gedokter deur drukkies
kom maak jul my lewe skatryk
as ek sielsmoeg is

tussen die chaos
van my hartsmense
kry my lewe betekenis.

* Liefkosings

Vadertyd

As ek die horlosie
net so bietjie kon terugdraai
om net so rukkie briek aan te draai
sodat my hart in die oomblikke kan verdrink
maar sy wysers is wreed
en klik-klik-klik net kliphard verder
en sy ure glip soos sand
deur my vingers

wanneer vadertyd
nog sekondes kom steel
vou die besef om my gemoed
maak die beste van elke minuut
koop die tyd uit
want ons lewe net vir nou
-m-ô-r-e-
is dalk te laat

belê jou tyd
tussen jou hartsmense
waar vadertyd nie jou herinneringe
kan kom steel.

Koninkryk kroon

Verryk my vlees
met U liefdeskleur
kom geur my gees
met U ryk aroma

elke druppel van my siel
roep uit na U
kroon my
met U Koningkryk

Rumi - *"every drop of my blood calls out, dye me with the color of Your love. Make me the jewel of Your affection."*

Vader se kleurpalet

Op my knieë
bloei my gebede
oor die skerwe
van my swart siel
en dryf die bitter
deur elke herinnering

gebore uit die bitterblou oomblikke
kry my krag vlerke
as Sy vrede goudgeel
oor my grysgrou wonde drup

ja, die lewe
kom verf soms my siel swart
met sy kwashale
vol rou oomblikke
maar deur Sy genade
kan ek die seer
met Vader se kleurpalet besprinkel
en elke kosbare oomblik
in volkleur geniet.

"The strength of my soul was born on the backs of moments that brought me to my knees." SL Heaton

Liefde se stuurveer

Los vir my jou penveer
onder die ou wilgerboom
waar ons hartsdonsies
veersag sweef

plant jou borsveer
tussen die lanings van onthou
waar ek ons pluimpies
kan pluk
as die verlange
se slagpen verveer

ek koester ons dekvere
wat ons liefde se stuurveer
-v-e-r-e-w-i-g-
en woel knus tussen jou halfdons
terwyl ons diepe omgee
-b-r-o-e-i-.

Natuursimfonie

Vader bedruip elke dag
met Sy vrolike
tuinmelodie
as alt en sopraan
sing saam in harmonie
en die diep bas en tenoor
kan jy van vroegdag af hoor

toonhoogtes verander deur die dag
en soms is daar net 'n neurie
wanneer die aandwind gaan lê

Vader bederf ons met die rykste komposisies
die mooiste klanke klink op
uit Sy natuursimfonie.

Moederhart

Wie ken die diepte
van 'n moederhart?
Wie ken haar pyn
van trane en smart?

Ken jy die breedte
van haar omgeesiel
as jou verwerping
haar gees verniel

ken jy die hoogte
van haar liefdesvuur

as jou stilte se droogte
haar siel benat

al stap sy soms die pad vol smart
is die liefde van haar moederhart
dieper
        breër
                en hoër
as die seerste seer
en selfs tot die einde
is haar moederhart
altyd biddend.

Peet Vermaak

Gebore te Klerksdorp, 15 Junie 1971 Vir die afgelope 25 jaar is hy betrokke in die toerismebedryf in Oudtshoorn by Wilgewandel Vakansieplaas, en by die Kango grotte as Algemene Bestuurder. Dit was ongeveer 20 jaar gelede wat die liefde vir die digkuns hom beetgepak het. Sy debuutbundel was vrygestel in 2019, " Kambro Kind". Tans is hy besig met sy 4e digbundel "Roet en Bloed", 'n Digbundel in woord gedoop wat 'n epiese digreeks is oor 11 konsentrasiekampe tydens die Anglo Boereoorlog 1899 tot 1902.

Die stem van ons erfenis

Ek hoor haar stem
stem van die tye
dreunsang oor vergange beelde
van ruiters in waagmoed vergrepe.

Die vuurgloed van haar vryheid,
vryheid wat gloei van 'n verre verlede
se verskroeide aarde
wil ween oor roet en bloed gebede.

Hede gun tog haar akkoord,
akkoord aan die roepstem van haar stem
wat fluister waar aardse monumente
hul pleidooi smekend, bindend met nostalgie wil vasklem.

In haar stem die soete geur,
geur van herinnering te vonde
vloeiend, boeiend wil haar menig vertellinge
die hede bekoor in erfenis gebonde.

Die stem van die tye,
tye genestel in die erfenisspore wat ons trap
wil ons teregwys op haar vele eise...
O wee die toekoms wink in nalatenskap!

Woordriel

Op 'n verlate grondpad in die Karoo
wandel my gedagtes nostalgies op 'n woordreis
elke tree van my
in Karoosand
word omhels met 'n heilig woordstilte.

Soms staan ek stil
verstom in sy natuurwonder
tussen bitterbos en ysterbos
wil 'n volstruisnek vir my skelmpies loer.
Ai ou sukkulente plantjie
jy wil my met woord en daad voer.

Soms kan ek my verbeel
hoe karooviooltjies in pers getooi
uit Karoo aards en grond gestrooi
my denke in klassieke woordspel
neerfel.

Het jy al my vriend karoosand
oor jou bloot hand laat vloei
in 'n Karoo se aardsheid so stil
groei daar 'n ysere wil.

Noem-noem, Karoobessie
wil jy my tog voed in jou woord en roem
naas jou staan 'n klapperbos so adellik
so in aards vrede en geluk
laat sy skoonheid wyd en verspreid
my in die Heer se genade versoen.

In 'n woordreis op verlate Karoopaaie
word my drome nostalgies vasgevang
in Karoosand
Ons sal weer skuur teen jou skouer
saam dans op jou woordriel.

Voetspore van hoop

Geduld teel altyd prestasie
vir 'n Godvresende nasie
wat streef na gehoorsaamheid
in die sweet van hul arbeid.

Uit God word nasies gebore
wat beloof 'n beter môre
die strewe na vryheid heg groter waarde
vir dié wat verkondig, vrede op aarde.

'n Nasie wat sy kinders koester
se liefde is soos 'n suiwer pêrel
wat God se liefde laat skyn in 'n duister wêreld
in jou kinders se glimlagte gewaar jy die ewige Skepper.

Dié wat wag met geduld
op wat God vir hul beloof
niks is groter as hul geloof
van dié wat skuil agter God se liefdeskild.

Die nasie wat hul bejaardes liefde verleen
vind wysheid en God se seën
in hul is vele wysheid verborge
wat jou lei oor vele lewensberge.

Vind toevlug in God se heil
nooit vind 'n mens groter liefde
as toe 'n Vader sy Seun laat sterf as gesalfde
leef dié liefde en jou lewensakker groei geil.

Luister na die stem van die natuur
oral hoor jy die Heer se genade
wat pryk in sy magtige skeppingsdade
in God se tuin weerklink Sy genade op die mooiste lier.

Geseënd is dié wat beproef word
die Engel van die Heer
slaan sy laer rondom dié wat God vereer

sterk en stewig word ons in Sy krag omgord.
Word stil word voor die Heer
'n gejaagde lewe sonder God
is 'n lewe wat in duie wil stort
in jou stiltes bring jou siel altyd lof aan die Heer

Geseënd is dié wat ware geluk vind
die geheim van 'n gelukkige lewe
is om in alles na die Heer te strewe
sodat God jou ewig in Sy liefde kan bind.

Vuur

Die huisraad en dak skeur
in ligte laaie
voor my 'n vuurgloed
wat elke stukkie vrouemoed
in my verteer.

Mijn Heer se Woord
se ewig blaaie
in rook en roet verbrand
wil u geven mijn Heer
in hierdie offerland
genade om te smeer
oor hierdie vreeslike seer.

Huismoord word gepleeg
die vlamme slaan tonge
om elke stukkie huisraad
my siel word leeg
getap deur 'n onbesonge
daad.

Vuur!!!
in hierdie doodskamp
met oë wat die verlede in tuur
wil my gedagtes swewe
oor 'n menslike ramp
in 'n vrou en kind se lewe.

Hout deurweek in sneeu en ryp
geen mens kan dit tog begryp
eers vuur wat my 'n lewe ontneem
nou 'n vuur wat my van 'n lewe vervreem.

Mog u gee mijn Heer
'n nageslag om te onthou
in hul herinnering getrou
'n toekoms om U getrouheid te eer.

'n Gedig, ter herinnering aan die Vroue en kinderlyding ten tyde van die Anglo Boereoorlog, 1899 – 1902, as gevolg van die verskroeide aarde beleid en konsentrasiekampe.

Kontinuum

Verlede, hede, toekoms
die ewige skaal van ons bestaan
tydloos geskonde in ons denke.

'n Lewe geleef
op hierdie oomblik van waarheid
is 'n skeppingsoomblik
vol genade.

Elke oomblik van tyd
is 'n meesterstuk
vir ons om te kies
watter skakerings
van ewigheidswaardes
om in te kleur.

Elke oomblik van tyd
is vol keuses
verkeerd volgens my wil
reg volgens God se wil.

Elke oomblik van tyd
bepaal jou ewigheid
'n bestemming met

'n keuse.

Elke oomblik van tyd
is 'n geskenk van God
vir ons
om dankbaarheid
te kies.

Gister is alreeds verby
môre moet nog kom
vandag moet nog geleef word
nou is die oomblik van waarheid.

Werner Wehmeyer

Gebore in Pretoria. Tans woonagtig oorsee. Al is hy uit sy land, het hy sy taal bly volg. Hy het 'n gesamentlike bundel saam met Magda de Korte uitgebring en daarna sy eie bundel. Van sy gedigte is ook in verskeie ander bundels opgeneem. Wat 'n lekker gevoel om te weet jou woorde is êrens in iemand se boekrak of in sy hande.

Tydlose verse

Op spierwitstrande
(met 'n meeu se veer)
skryf ek tydlose verse
wat jou oë doelgerig
vir my hand sein

see tel
elke woord op -
trek dit diep in

dan bondel branders,
gelaai met ons woorde en
skryf in skuimletters
ons liefde vir mekaar
teen ruwe swart rotse.

In jou arms

In die holtes van jou arms
lê ek versadig in droomland
waar ek jou vrylik inasem
tot verby my diepste diep

volg lanterns wat orals brand
sodat jy kan kom vasmeer
teen walle van my granaathart

met die rus van jou mond
uit die rondings van ons hande
sal ons riviere van liefde vloei
tot ons opbruis oor watervalle
onbeheers uitbars as een.

Rus

Saans
glip ons
nader aanmekaar

vergete
is die dag
se warboel

sag
soos mos
vat ons hande

wagtend
met begeer
word lywe een

slaap
heup lepellê
tot môre.

Net 'n digter

Intiem syfer son deur vensters
omhels my rusbanklyf
waar buite klanke
ritme word in my gedagtes
met die uurglas wat sonder sweet
die lewe met reëlmaat aftel

lirieke plagiaat in my agterkop
as die woorde my nie los nie
elke noot vloei letterkundig saam

in harmonieë oor my saamsinglippe
salig met 'n beker moer verdrink ek
snuffel tussen woorde op papier
verbleikte rym wat moedswillig
my vrye vers wil kom besoedel

ek rus in my taal se mooiste mooi
opgewonde groei daar nog 'n gedig
al tik tyd voort so sonder ophou
sal ek tot die einde 'n digter wees.

Storietyd

Ek wil hê jy moet my lees
soos 'n sensuele storie,
elke bladsy met elke paragraaf
waar jy by oop vensters sit
met die maan as jou lantern

vind my hart se lont
steek hom aan die brand
jy sal my lewendig ervaar
tussen lakens van jou hande
waar ons naak kaggelvure stook
want tussen lyne van emosies
smeul elke letter op ons lywe

ons harte hamer teen mekaar
(klankryke hoogtepunt)
proe die sout van lettergrepe
wat uitsweet teen die warm nag

inmekaar gevleg vir die nag
tot die son ons wakker maak
in die slot van ons verhaal.

Winterwoud

My oë valk oor die woud
waar tak kaal in raaisel

padkaart oor verpulpte blaar
met winternat klam
wat die grond kombers

'n hond hol vir die gek
met 'n stuk boom in sy bek
sy baas strompel kromgetrek
aan 'n dun riem om brak se nek

naakte bome versmag na son
as raserige voëls hul vere uitdos
met wind wat skommelmaai
tussen skelette van gister se groen

met moeë metrum van tyd
vergaan ook hierdie seisoen.

Jou laaste asem

Geen verblindende lig
net 'n inkswart sluier
oor jou laaste woorde
met een groot finale punt
nooit sal jou geelperskelag
my somber dae weer oopsluit

ek kyk na die koer kropduif
wat nog hier kordaat pronk
lewend het ons hulle gevoer
toe alles nog heel was

my mond se praat is opgerasper
hoe vertaal ek hierdie finaliteit
jou dood so sinloos onverwags
jou asem vir ewig opgeëis

jou swaelvingers se vlam geblus
wat saans my lyf kon vuurwerk
jou witwarm wagkamer woestyn
nooit sal jou bors weer kan stu

in gisterskimme sal jy bly leef
al is jou lewe vir altyd net as.

Heel

Branders brokkelbreek
tel stukkende spore op
bondel soort by soort
word sinkende skatkiste
met seestrome se gly

tot Ingrid metafories
see verse sporadies
in skulpskrif skryf

dan gryp seemeeue
ontblote woorde
sweef oor strande
sodat flentermense
heel kan word.

Oud

Agter ou oë en gister se jong lyf
lê die begin van wie ek is
met jeug nou vergete albatrosse
wat my soms nog wurg
my weet met sy eie onthou
raak soms grys op die horison
binne my ribbekas klop my hart
pomp nog self sy eie bloed
tog raak my tree soms vergete
as ek in my omdraai vasloop
maar terwyl ek suurstof asem
sal ek voortbeur na elke môre.

My geel duvet

Die son volstruis in skemer

as mis die meerderheid insluk
so gemaksugtig rus die dag
teen die plafon
van my eensaamheid

met seemeeu se aërobiese vlug
waar 'n hond my onteien
van die uur se vreedsame loop

tydelike poele van laatmiddag reën
weerspieël die hemel se blou
waar gisteraand se noordligte
die menslike oog betower het

winde snuffel tussen verlore blare
met halfverrotte mistiek tussen in
so kom alles weer tot 'n einde
tussen laken met geel sysag duvet.

Etna Wepener

Goue sterre op skool, vir hierdie stelwerkkind. Kunswedstryde projekteer haar voordrag. Hierdie laerskoolonderwyseres deel haar liefde vir lees, stories, tonele en poësie se prag. Maar tyd vir vrye teuels met skryf was min. Na haar aftrede in 2018 het sy haar kreatiwiteit herwin en sy kon na hartelus haar digwoorde vind. Wonderbaarlik druk sy in 2020 haar eerste bundel, en vele verse verskyn sedertdien in talle kompilasies. Haar digmaters op Facebook spoor haar telkens aan, en sy ontvang kosbare pryse – nóg bewyse dat sy met haar taalliefde voort moet gaan. Ja, selfs 'n pensionaris het nog iets te sê. Haar digtersdrange sal beslis nooit gaan lê.

Aandhemel

'n Swierige skouspel
van slierte en swoerde

satynsagte spookasem
swiep in sonsoen se soet

sintuiglike sensasie
slommersweef in die soel

someraandstorie
streel my gemoed

o aandhemel
sprei bo seë
jou onbeskryflike strata
in sonsakglorie.

Binnekind
('n Sonnet)

My buitekant is goue somerlag
maar aan my binnekant ryp-vries die kou
daar is soveel seisoene in een dag
opgekrul in my kamers van onthou

in my donker kas skuil 'n geraamte
met 'n oopkaak-lag wat my konstant tart
tussen my lakens monster die skaamte
sy verkragting skeur repe uit my hart

ek stormreën op geel sonskyndae
'wyl jý die reënboog aan mý einde vind
waarom beantwoord jy nie die vrae
wat stil gil uit die toe mond van 'n kind?

agter die grendels van geheimhouding
sterf Binnekind stadig in jou sonkring.

Bysiende

S   k   i   m   m   e   w   a   a   s
uit die neurotiese nostalgie
van onhelder gisters

hul spook vandag in melkwit versinsels

k   a   t   a   r   a   k   t   e
op die miopiese lense
van ingeperkte kyk
en melancholie

paradigmaverskuiwings
braille onleesbaar
buite selfgespande grense

die waas van kortsigtigheid
is in tonnelvisie geyk

wie nie waag
om van gemaksones af te wyk
stagneer in die gemakstoel
van blindheid
vanwaar jy jou môres
slegs in
d o f
d o w w e r
d o f s t e
skynbeelde bereik.

Dagbreek

Ek wag op die afgrond van die nag
totdat die dik swart lug met dagbreek sug

eers net 'n greintjie grys wat verandering wys
maar dan in vergulde kleur oor die horison beur

al groeiend die geel wat oor die seesilwer speel
die warmte van dag wat in songlinster lag

en as slaap se sand uit my ooghoeke brand
staan ek stom en blind oor aarde se wedergebore kind.

Droom-verlore

Soet is die stroop van jou soel somerskakering
nektar kleef-drup aan jou lokkende kelkwand
ek smag na die leksels van ons idilliese land
van louwarm melk en van amber heuning

ek dans soos 'n suikerbekkie bo jou kroontrompet
in fyn fladdering huiwer ek voor jou blom
jy lok my, jy tart my om nader te kom
ek smag na die eksotiese sap wat jy my belet

jy wiegdans koketterig in die somerwind

jy pronk verruklik in jou kleurvolle kleed
o blommemeisie, jy is 'n magiese magneet
ek wil jou prag en parfuum en perfeksie vind

so hartseer die verval van jou songesig
so tydelik jou sappige, stralende skoonheid
te laat om jou te koester in jeugdigheid
ons is 'n onpaar voor verspeelde tyd geswig.

Lees tussen my lyne
('n Sonnet)

Ek wou graag vir jou tussen lyne skryf
met diep metafore se mymering
ek wou die duiwels uit my denke dryf
en jou hertoelaat tot my binnekring

in ongeskrewe taal bó swart op wit
waar ontleding dieper lees as die ink
hang denke ongesê, maar wel gebid
as smekings waarin skrywes straks verdrink

tog praat ek in my malse monoloë
en hoop dat jy die kern daarvan sal snap
want ek wil graag aan wonderwerke glo
en nie my swaargebaarde strofes skrap

as jy mý lees, my geliefde genoot
moenie die beeldspraak in my vers verstoot.

Nazca-lyne van 'n vergange vriendskap
(Opgedra aan 'n dierbare, wyle vriendin)

Jy lê in onverganklike Nazca-lyne geëts
in die isolasie van my verlangewoestyn

jy het vriendskapsholtes in my grond getrap
my kwelklippies met omgee-hand verwyder
en die onderlaag van my wese blootgelê
sodat my sorge en vreugdes

met jóú gedeel
onder die son van ware genote
vorms van outentiekheid en eenheid sou verklap

net jy en ek kon vir mekaar dinge sê
om ons harte soos geogliewe te skets
en vele ander sou stil-stil wonder
oor die omvang van ons kameraadskap
wat uniek soos lynillustrasies getatoeëer is
op ons uitgestrekte landskap

ek loop daagliks daardie lyne soos 'n labirint
wat moet lei na hernieude vrede en krag
maar tans uit my treë in die vore langs die klippies
kon ek nog nie aanvaarding en heelheid vind

dan begin ek van voor af
in verlangende hartseer
met 'n glimlag en 'n traan
weer en weer
dag na dag

as ek saam met jou in die hemel kon talm
om die kuns van ons vriendskap van bo te aanskou
sal ek die insnydings sien in sy geheel –
hande gevleg en harte omarm
as beeldende bewys van egtheid en opregtheid

ja, alles van jou wil en sal ek onthou
jy is en was my ware naaste
ek sal jou immer in die etsings
van my wese hou.

Nuwe perspektief

Lenige bome staan al dekades gesoldaat
langs ons lang laning wat tweespoor loop.
Lineêre perspektief fokus ver in sigpunt
waar die verwronge lug toekomsvisie stroop.

Ek wandel in die skadu's van skuiwende skommel
waar sonstrale slegs in slierte neerdaal.
Dan droom ek om bo die bome te hommel,
ver weg van gisters se deurgetrapte verhaal.

Skielik vlieg daar uit die blaarritsels 'n vaandel voëls
en swiep swierig tussen tak-tralies deur.
Dan ontsnap hulle in 'n oogwink uit die laningkokon
om te swerm-silhoeët teen uitspansel se kleur.

Tussen streng stamme deur dwing voëlpret
my oë na landskap en lugruim se wyer wink,
sodat ek versigtig-nuuskierig buite die gebaande pad
die ongetemdheid en vryheid van nuwe ruimte indrink.

My perspektief verbreed tot waar 'n horison lyn.
Ek word na die bekoorlike boggels van blou berge gedwing.
Weg van voorgeslagte se holrugpaaie en normroetes,
is waar ek die voëls nou sal volg in eindelose ontdekking.

Oogappel

My stroopsoet, blinkblos oogappel,
jy't nie ver van jou moedersboom geval.
Jou fyn bloeisel het soos bruid ontwaak
tot paradysvrug wat vele harte raak.

'n Slinkse satansvriend het jou deurgesny,
'n hap gevat en die res laat bly,
sodat oksidasie jou hart bruin verroes
en jou jeug se skoonheid só verwoes.

Maar selfs in weggooi op die lewenspad
was jy waardevol toe 'n voël jou vat
en voeding vind sonder vooroordeel
oor verlore skoonheid van 'n vrug eens heel.

Jou saadjies lê nou deur natuur versprei.
In wedergeboorte sal jy weer lewe kry,

sodat my blinkblos oogappel se nageslag
nie ver van jóú boompie op die Plukker wag.

Wipplanklewe

Simbiose skeefgeloop
van selfbeheer is ek gestroop

in my harsings lommer dag en nag
die maan se mal die son se lag

my sonsopkoms wil die mooi verslind
om middernag grynslag die berserkte kind

my swart steeks hings is ruiterloos
hy's ongetem hy's stangloos broos

norms marsjeer as konstante wete
normaal se nuanses skynbaar vergete

'n wipplankrit van pool tot pool
waarom lewe ek in hiperbool?

is ek die vreugde as ander huil?
wie is die gek wat hierbinne skuil?

probeer verstaan ek kan nie keer
my wipplank bons buite beheer

simbiose skeefgeloop
van stabiliteit is ek gestroop!

Nawoord

Deur die lewe onderneem ons daaglikse reise en ons beleef ook verskillende emosies. Die belangrikste reis wat ek daagliks onderneem, is my sielereis deur woorde.

Ek beleef elke dag soveel emosies asook seisoene, party wat my laat huil, ander weer skaterlag, woede en teleurstelling, liefde en haat. Soms sit ek net moedeloos en staar:

Soms
dwing die lewe my
om in die nag se asem te leef
daar waar alles rowwe sketse is
wat oorgebly het uit 'n dag se leef
en ek in onsekerheid saamvloei en wonder
of die son weer oor sy eie horison sal verrys
en ek klein word voor aanslae wat oordonderend
my vooruitloop en plek maak vir wat 'n nuwe dag sal gee
soms dwing die lewe my om weer mens te word
as ek voor opgee se deur omdraai en my bakhand
smekend uitsteek vir nog 'n kans.

Gedigte is die manier hoe ons, die digter ons lewe uitbeeld, hoe ons die lewe sien en ervaar en soms tog ook wonder oor die dood en Jim Reeves som dit mooi op met sy lied Distant Drums:

die hartklop van die lewe
roep soos die vêraf klop van 'n drom
elke hartklop
elke asemteug
een voet voor die ander
skuifel ons nader
voel ons die ritme
van die drom
dit roep in 'n plek agter wolke
waar gedagtes kronkel om ons lewensbestaan
stadig klop die dromme
elke dag
elke klop
bring 'n eie kwota bang

distant drums roep ons
die hartklop van ons bestaan
eendag
sal ons wel moet antwoord
I hear the sound of distant drums...
Hy roep en ek sal gaan

Wie van ons het nog nie 'n liefdesreis meegemaak wat in hartseer geëindig het nie?

vanaand wil ek eintlik skryf
skryf in die geur van jasmyn
waar die noordwestewind
'n storm oor die see opwoed
bome met eerbied
skeef buig aarde toe

ek skryf vanaand
in 'n kamer vol flikkerende kerslig
ek wil iets vashou vanaand
van die vuur en stilte om my
vashou aan die geur
van die groot wye nag
wat geruisloos om my koepel

ek wil skryf oor die liefde
jou beeld kom staan voor my
en ek wil skryf ja
skryf oor letsels van die liefde
ek wil skryf oor jou
in die geur van bitter-als

Soms reis ons ook met gebed as ons metgesel:

Heer
neem my pen en laat my skryf
woorde om menig' hart te verryk
laat my woord tot ander spreek
my verse lewend word

laat my woorde

op papier gaan lê
verse om met 'n ander te deel
verryk my verstand met die digterswoord
laat ek dit skryf, woord-tot-woord

Heer
laat my verse lewend bly
my pen oneindig skryf
my digtershart oorvol word
my woorde rol-en-rol
tot in ewigheid
Amen

Baie dankie aan al die digters wat deelgeneem het aan my sielereis deur woorde en 'n spesiale dankie aan Marsofine Krynauw wat gehelp het met die samestelling van hierdie bundel, Die Nuwe Era Groot Verseboek 2024.

Ek groet julle met die woorde:
soms
as die dag se glas leeggeskink is
en die sonbesies nagmusiek gee
is die stilwees van 'n vriend se woord
kosbaarder as al die saampraat
wat mens hoor

soms
as net vingers praat
flitsend oor die bord
is gedagtes wat ons deel
meer as enig' woord

Mag die digkuns voortleef in ons lewe, ons harte en ons die voorreg sal hê om aan te hou dig in Afrikaans.

verlore in die woord-hemel
geverf met roos en wit
waar wolke vrolik vry-hang

daar ...
sal jy my kry
waar ek eendag my woorde sal hang

Mooi groete
Heleen Malherbe

Geagte Leser,

Ons hoop dat u ons boek geniet het en dit boeiend gevind het. U terugvoer is baie belangrik vir ons en vir toekomstige lesers.

Ons sal dit baie waardeer as u 'n paar oomblikke kan neem om 'n resensie op Amazon te skryf. U mening help ander om ingeligte besluite te neem en dit help ons om beter te verstaan wat ons lesers waardeer.

Baie dankie vir u ondersteuning!

Vriendelike groete,
Malherbe Span

www.ingramcontent.com/pod-product-compliance
Lightning Source LLC
Chambersburg PA
CBHW080238170426
43192CB00014BA/2490